基层公共图书馆的建设研究

赵　娜◎著

文化发展出版社
Cultural Development Press
·北京·

图书在版编目（CIP）数据

基层公共图书馆的建设研究 / 赵娜著 . — 北京 ：文化发展出版社，2023.10
ISBN 978-7-5142-4138-9

Ⅰ . ①基… Ⅱ . ①赵… Ⅲ . ①公共图书馆－基层图书馆－图书馆工作－研究－中国 Ⅳ . ① G259.252

中国国家版本馆 CIP 数据核字 (2023) 第 211675 号

基层公共图书馆的建设研究

赵　娜　著

出 版 人：宋　娜
责任编辑：任秀颖　　　　责任校对：侯　娜
责任印制：邓辉明　　　　封面设计：守正文化
出版发行：文化发展出版社（北京市翠微路 2 号 邮编：100036）
网　　址：www.wenhuafazhan.com
经　　销：全国新华书店
印　　刷：天津和萱印刷有限公司

开　　本：710mm × 1000mm　1/16
字　　数：200 千字
印　　张：11.75
版　　次：2024 年 1 月第 1 版
印　　次：2024 年 1 月第 1 次印刷

定　　价：72.00 元
I S B N：978-7-5142-4138-9

◆ 如有印装质量问题，请电话联系：010-58484999

作者简介

赵娜，女，2010年获山东师范大学管理与经济学院工学硕士学位，主修管理科学与工程专业，现就职于齐河县图书馆，2013年认定为中级馆员，研究方向：图书馆管理与服务、资源建设。

科研成果：2018年4月在《图书馆学刊》发表《基于FAHP的农家书屋工程服务评价研究》；2019年7月在《图书馆学刊》发表《县级公共图书馆开发文化创意产品的建议》；2020年3月在《河北科技图苑》发表《基于法人治理结构的县级公共图书馆服务体系建设探析——以齐河县公共图书馆为例》；2021年4月获批“一种租借式智能书柜”新型发明专利一项。

前　言

我国之所以要建设公共文化服务体系，最主要的原因在于公众对文化服务的需求不断上升，而公共文化服务体系能够保障公民得到基础的文化服务。公共文化服务体系的建设能够缓解区域发展不平衡带来的文化发展失衡问题。随着社会的不断发展，公民的文化意识越来越强烈，国家对公共文化服务体系的建设也越来越重视。国家出台了《中华人民共和国公共文化服务保障法》和《中华人民共和国公共图书馆法》等一系列法律法规，我国公共文化服务体系建设也越来越合理，体系内的资源建设也越来越丰富，公共文化服务体系的服务能力逐渐得到提高，人民群众的幸福指数也日渐升高。

2018 年 1 月 1 日，我国《中华人民共和国公共图书馆法》颁布并实施，这一举措对于我国公共图书馆发展的意义十分重大。在这部法律中，国家对如何促进公共图书馆功能的发挥、使其更好地服务于广大人民群众进行了明确规定。例如，"县级以上人民政府应当将公共图书馆事业纳入本级国民经济和社会发展规划，将公共图书馆建设纳入城乡规划和土地利用总体规划，加大对政府设立的公共图书馆的投入""国家设立覆盖城乡、便捷实用的公共图书馆服务网络"以及"政府设立的公共图书馆应当加强数字资源建设、配备相应的设备设备，建立线上线下相结合的文献信息共享平台，为社会公众提供优质服务"等。

本书在内容上总共分为五章，对基层公共图书馆的建设进行了深入研究。其中第一章主要内容为基层公共图书馆建设概况，具体内容包括基层公共图书馆的现状与总分馆制；基层公共图书馆的发展方向；城镇化进程中的基层公共图书馆建设；基层图书馆服务体系建设的法规政策。第二章的主要内容为基层公共图书馆建设的基础依据，具体论述了城镇化及文化发展、公共物品供需平衡、公共文化的建设发展、国家政策的支持。第三章的主要内容为基层图书馆信息化建设，详细介绍了图书馆信息化概述，基层图书馆信息化建设的目标、内容与原则，基层图书馆信息化的基础设施建设，基层图书馆信息化的业务发展建设。第四章的主要内容为基层公共图书馆基础服务，详细论述了图书馆信息、知识及信息检索服务，图书馆读者、沟通与参考咨询服务，基层公共图书馆服务体系的构建。第五章的主要内容为基层图书馆公益讲座策划，具体介绍了图书馆公益讲座策划概述、公益讲座策划原则、图书馆公益讲座的整体策划、图书馆公益讲座的详细策划。

在撰写本书的过程中，笔者得到了许多专家学者的帮助和指导，参考了大量的学术文献，在此表示真诚的感谢。由于作者水平有限，书中难免会有疏漏之处，希望广大同行及时指正。

赵娜

2023 年 4 月

目 录

第一章 基层公共图书馆建设概况……1
第一节 基层公共图书馆的现状与总分馆制……1
第二节 基层公共图书馆的发展方向……18
第三节 城镇化进程中的基层公共图书馆建设……23
第四节 基层图书馆服务体系建设的法规政策……29

第二章 基层公共图书馆建设的基础依据……38
第一节 城镇化及文化发展……38
第二节 公共物品供需平衡……49
第三节 公共文化的建设发展……54
第四节 国家政策的支持……57

第三章 基层图书馆信息化建设……64
第一节 图书馆信息化概述……64
第二节 基层图书馆信息化建设的目标、内容与原则……70
第三节 基层图书馆信息化的基础设施建设……74
第四节 基层图书馆信息化的业务发展建设……87

第四章 基层公共图书馆基础服务……103
第一节 图书馆信息、知识及信息检索服务……103
第二节 图书馆读者、沟通与参考咨询服务……114
第三节 基层公共图书馆服务体系的构建……125

第五章　基层图书馆公益讲座策划……131
第一节　图书馆公益讲座策划概述……131
第二节　公益讲座策划原则……141
第三节　图书馆公益讲座的整体策划……148
第四节　图书馆公益讲座的详细策划……165

参考文献……179

第一章 基层公共图书馆建设概况

本章的主要内容为基层公共图书馆建设概况，具体内容包括基层公共图书馆的现状与总分馆制；基层公共图书馆的发展方向；城镇化进程中的基层公共图书馆建设；基层图书馆服务体系建设的法规政策。

第一节 基层公共图书馆的现状与总分馆制

基层公共图书馆虽然位于整个图书馆体系建设的最底端，但对于广大的人民群众来说，却发挥着最为便捷、高效的服务作用，意义十分重大。

一、我国基层公共图书馆的现状及主要原因

（一）基层公共图书馆数量不足，发展极不平衡

根据国际图联标准，每 5 万人、每 4km 范围内需建设一座公共图书馆，才能满足人民精神文化需求。近年来，我国基层公共图书馆的建设发展取得了较显著的进步，但还远远达不到国际图联的标准，也不能满足人民日益增长的需要。依照具体调查研究的数据信息反映，我国公共图书馆的基本覆盖率为 85 % 左右，这意味着全国约有 426 个县无公共图书馆，而且覆盖范围和密度不均，分布规律与当地经济发展情况基本一致，即与西部地区相比，东部经济越发达的地区，基层公共图书馆的覆盖率越高，人均公共图书馆数量越多，而且东部经济发达地区较西部基层地区对于基层公共图书馆的财政投入也更高。从辐射半径分析，东部地区基层图书馆辐射半径平均在 20km 内，中部地区基层图书馆辐射半径平均在 20 至 30km 内，而西部地区基层图书馆辐射半径平均在 30km 以上。

（二）专业人才匮乏，无法开展高层次的信息服务

经调查发现，很多基层公共图书馆中反映出专业性人才较为缺乏的问题，基层公共图书馆变成了基层政府人员养老闲散的“避风港”。相较于其他政府及事业单位，基层公共图书馆的人才结构比例、学历构成均存在显著的劣势，中高级职称人员占比不超过三成，多数是大专或中专学历，本科生少，专业对口的高学历人员少之又少，甚至部分图书馆从业人员综合素质低下，不了解现代基层公共图书馆的服务方式和模式，不仅不能够为人民提供优质的借阅服务或指导，而且根本不能适应快速发展的社会节奏变化，反而影响文化建设的整体发展。越是经济不发达的地区，上述情况越严重。

（三）设施设备陈旧，基层公共图书馆利用率低下

经走访发现，我国基层公共图书馆普遍存在硬件设施陈旧，部分设施落后老旧、闲置不用的现象，不能发挥其真正的作用和效果，而且大多数硬件设施不能满足现代人民的需求，远远达不到国际图联的相关标准，导致不少人对基层公共图书馆望而却步。而越是闲置不用，相关政府后期财政投入和维护运营的重视力度就越低，逐渐形成恶性循环，致使基层公共图书馆失去其真正的作用。上述现象的出现，主要是由于基层政府重视程度不够、财政投入严重不足。

基层公共图书馆的建设、推广、应用、宣传等各项工作均由基层政府全权负责。对于基层政府而言，采取何种方式让当地的经济呈现出稳步发展的态势，通过提高经济增长率的手段，使得人民的生活状况得以转变，现已成为重要的任务之一。同时，教育、卫生、交通、治安及社会保障均属于基层政府负责范畴，面对如此多的项目和任务，基层政府必然要做出取舍，决定优先发展顺序，而基层公共图书馆的建设和推广极易被忽略。除此之外，政府采用的政绩考核制度在一定程度上也制约了基层公共图书馆的发展。而过度追求经济发展的后果便是忽略其他的发展，包括但不限于基层公共图书馆的建设应用。为了能在经济发展竞赛中赢得一席之地，各基层政府把财政收入的大部分投入改善本地投资环境、建设促进本地经济增长的基础设施中去，努力发展工业、制造业，提高自身硬实力，而在提高人民生活福利水平、丰富人民精神生活等方面投入的精力和资金则相对不足，硬实力与软实力水平不相匹配。

与中央政府、省市级政府相比，基层政府对于公共图书馆的财政投入占比更低，基层政府对于公共图书馆的投入平均约为 94 万元，而全国范围内公共图书馆的平均投入约为 200 万元，差距极大。因为财政的基本投入水平较为低下，基层公共图书馆在开展相应的活动和业务时，出现了经费严重不足的问题，除去图书馆日常运营维护、人员成本等，基层公共图书馆可支配的资金少之又少，多数业务宣传活动只能大而化小，小型活动能不办则不办。在这种情形下，公共图书馆发展的艰难程度可想而知。而且越是偏远且经济发展不佳的地区，人员成本可能越高，部分地区仅是人事成本占比就超过 80%，严重压缩了购书、开展讲座活动的经费支出。

二、加强基层公共图书馆建设和发展的几点思考

（一）提高对公共图书馆功能和作用的认识

明确基层公共图书馆的功能和作用，提高对于建设发展基层公共图书馆的重要性的认识，有助于提高基层公共图书馆的利用率和加强基层政府投资发展公共图书馆的意愿。文化建设自党的十八大会议以来便成为我国整体发展的重要内容，稳步加大公共文化工程的建设力度，对相关工作的开展给予高度重视、优化相应服务模式、改善具体服务体系、提高基本的服务效能等成为当前至关重要的基础性任务，基层公共图书馆的建设和发展便是其中最为关键的一部分。基层公共图书馆的建设和应用能够有效保障广大基层人民群众充分享受到社会主义制度的优越性，提高其精神文化生活水平，使其充分获得幸福感。

（二）加大政府投入，建立多渠道的资金筹措机制

基层公共图书馆本质上是一种公益性质的公共文化设施，确保每年政府部门能够编订足够的经费预算是保证基层公共图书馆顺利发展的基础和关键。首先，需要结合法律层面加以分析，以便更好地落实实际的行动。一旦触及法律层面，就需要采取强制性措施落实基本的实践，强化公共图书馆的财政投入效力。在此基础上，欧美地区的一些发达国家具备相对完善且可靠的体系，如英国的《公共图书馆与博物馆法》，其中就将一些观点明确地表达出来，“地方政府需要合理地运用税收政策，积极地投入图书馆的建设实践中，同时结合地方政府的科学化管

理，使其稳定地运作。”美国在图书馆法案中对地方政府的税收使用标准进行了明确的规定，强调将其中的3%～6%合理地运用至公共图书馆的建设过程中。而我国这一方面的法律在《中华人民共和国公共图书馆法》（以下简称《公共图书馆法》）出台之前，仍存在较多的缺陷。因此要继续完善相关法律法规，借鉴在农业、科技、教育等方面的法律条款，结合实际的情况分析，结合法律层面将具体的行动加以规范，合理地制约基层政府对于公共图书馆的财政投入力度。其次，对于较贫困地区的基层政府，中央应发挥全面统筹作用，统一协调通过专项资金补助，逐步缩小东西部、经济发达地区和经济欠发达地区之间的差距，实现基层公共图书馆建设发展的均衡。除此之外，政府还应不断拓宽资金来源渠道，通过向社会募捐、接受企业家资助、适当收费等方式，来增加图书馆自身经济收入来源，以便有效弥补收入与支出的失衡。而且，适当地提供有偿服务，能够在一定程度上有效提高人民对于基层公共图书馆的利用率，有效保障基层公共图书馆硬件设施的完整性，延长其使用寿命，以便更好地控制资源的浪费以及财政支出的程度。

（三）加强对乡镇公共图书馆的业务指导和业务互动

首先，应培养乡镇公共图书馆从业人员的服务意识，增强其服务观念；其次，在图书馆图书内容方面作出整改，在人们购买书籍前可以做相关的调查，充分了解基层群众的信息需求，减少不必要的浪费；再次，应充分利用图书馆的优势，开展业务互动，将服务工作辐射到周围乡镇的农民读者中去：最后，根据当地经济发展水平和财政投入情况，与资金实力雄厚的其他乡镇公共图书馆加强合作，建立图书流动站，这样既能有效节约资源，提高图书利用率，也能增强不同乡镇之间的联系交流，实现信息互通和资源共享，有效扩宽广大基层群众的信息来源。

（四）加强专业人才培养，提高公共图书馆服务水平

首先，应该对当前图书馆的基本情况加以分析，合理地落实好从业人员的培训与指导工作，为其提供多元的交流实践机会，确保图书馆工作人员的基本素质以及相应水平得到明显的提高，拥有理想化的发展平台，塑造一支高水平、专业性的人才队伍；其次，完善监督奖惩制度，加强对图书馆从业人员基本能力和职业行为的监督和奖励，有效提高其工作效率和工作质量；再次，完善相关的招聘制度和奖励机制，从根本上杜绝不适合的从业人员，通过奖惩措施充分调动工作人员的积极性；最后，要出台大量的优惠福利政策和待遇，吸引高素质、高学历的人才。

三、总分馆制的概念与特点

（一）总分馆制的概念

总分馆制指的是在一定的地域内，将若干图书馆联合起来形成图书馆群，使其业务和管理相互结合，对本区域内的图书馆进行各方面的分析，选出一个最适合的作为总馆，总馆是总分馆制图书馆体系的核心。分馆从行政属性上隶属于总馆，或者与总馆一起接受主管部门的统辖。分馆的业务受总馆约束和指导。在管理、发展规划、服务等方面，总馆与各个分馆要做到统一、协调。总分馆制的实行能够集中各图书馆的资源，实现资源的共享，提高图书馆管理和服务的质量，让图书馆服务体系更加完善。

我国在公共图书馆发展的实践中，通过不断的理论研究和对实践的探索形成了两种不同的理解和实施总分馆制的方法。一种是严格学习西方国家的总分馆制。美国、英国等部分发达国家的图书馆总分馆制十分完善。通常情况下，总分馆制图书馆体系的建设必须由同一个主体完成，其管理工作也必须交由同一个管理机构负责。总馆是这个体系的领导和核心，分馆则隶属于总馆，其业务和行政管理工作都要受到总馆的指导，分馆的资源使用、运行管理和技术引进等也需要按照总馆的规划来安排。这样的总分馆制属于非常标准的总分馆制。另一种则是将西方的总分馆制与当地实际情况相结合，进行本土化改革的总分馆制。建设者要合理分析本地域图书馆的发展特征，对总分馆制进行合理的调整，采用资源相对集中、管理相对统一的形式开展图书馆体系建设。在实际工作中，图书馆建设的主体不一定为同一个，管理机构也不一定非要统一，其资源的来源也可以多样化，只要能够实现统一规划、统一服务、资源共建共享就可以。这种图书馆群也属于总分馆制的一种，可以称作准总分馆制。

相较于单馆制而言，总分馆制图书馆建设更为科学化，能够实现图书馆资源利用的最大化，形成覆盖范围广泛的图书馆网络化布局，实现集中管理，为大众提供更为全面、个性化的文化服务，促进公共图书馆服务实现均等化。

（二）总分馆制的特点

1．统一采编，信息资源共享

总分馆制下，文献采编工作由总馆负责，分馆只负责向公众提供服务。具体而言，政府下拨的整个区域的图书馆书刊购置经费都由总馆来使用，总馆根据图书馆群的整体规划和预算，并结合各个分馆的发展需求来选购图书、统一编目和加工，完成后配送至各个分馆。

总馆和各个分馆之间的文献资源能够完全共享，不仅是各类纸质文献资源，声像资源和数字资源也能进行共享。总馆和各分馆建立的数据库和期刊文献数据库等也能够通用。

2．统一服务，"一卡通"通借通还

总分馆制图书馆不仅能够共享图书文献资源，还能让公众通过"一卡通"式的借阅证在各个图书馆通借通还。也就是说，公众凭借"一卡通"借阅证在某一图书馆借的图书能够通过图书馆群内的任一图书馆归还。由于部分图书馆已经有独立使用的借阅证，因此在实施凭借"一卡通"借阅证通借通还措施的过程中，这些图书馆可以继续沿用旧的借阅证，只是让这些借阅证能够在图书馆群内通用，也就是说，使用旧的借阅证的用户也能凭借借阅证开通通借通还服务。此外，通过"一卡通"借阅证，用户能在图书馆网络中的任一网点浏览全系统内的馆藏数据，位于其他网点或分馆的图书则可以通过馆际物流运送至当前网点，实现在图书馆内对其他图书馆资源的借阅。

3．统一规范，实行一体化业务管理

总分馆制图书馆群的建立工作也可以以行政级别为依据进行划分，本地区内，行政级别最高的图书馆为总馆，其他的图书馆，如社区图书馆等设置为分馆。总馆和分馆之间要保持管理理念和服务理念的统一，分馆要接受总馆的业务指导和管理。

根据图书馆自身的实际情况，分馆的服务要与总馆保持基本一致，服务的内容主要有学科馆员服务、参考咨询、通借通还等。分馆则可以有选择地借鉴总馆的服务项目，也可以开展特色化的服务。总馆和分馆也可以统一举办读者活动，在规模和具体内容上根据自己的建馆条件来设置，总馆和分馆共同发力，让读者享受更加便捷、更加高质量的服务。

4. 统一进行资源配置，人、财、物一体化管理

总分馆制度将总馆和各个分馆的资源集中进行统一配置，实现人力、物力和财力的统一管理。各个图书馆的人事和财政都交由政府机构或总馆进行管理，各级图书馆的资源也交由管理机构或者总馆进行统一调配。各个分馆在接受总馆的领导指挥的前提下发挥自己的地域和资源优势，为当地公众提供优质的服务。

四、基层总分馆制的实践经验

（一）实施标准总分馆制

标准的总分馆制要实现完全的统一，主要体现在以下方面：总馆和分馆的建设主体统一；总馆和分馆的主管部门统一；总馆和分馆的经费来源、资源管理、规划、服务项目、服务水平统一。

1. 以政府为建设主体，构建多层级体系

总分馆制是将区域内所有图书馆联结成一个整体，而这一工作要通过政府主导来进行，形成多层级的图书 馆体系。因此政府应当强化自己的责任意识，制订具体的实施方案，出台相关政策，加大对图书馆总分馆制度建设的投入，从思想和行动上进行统一，高质量地完成本区域内图书馆建设工作。

【案例】

禅城区图书馆的总分馆

佛山市禅城区图书馆的总分馆制建设经验值得推广。禅城区所建设的图书馆是联合图书馆模式。禅城区联合图书馆的第一家分馆是少年儿童分馆。佛山市禅城区的图书馆建设经验也在整个佛山市传播开来。随后，为了推进本市图书馆建设工作的进一步发展，佛山市图书馆起草并实施了《佛山市联合图书馆实施方案》。在联合图书馆建设过程中，公共图书馆作为体系的主体，要加入联合图书馆建设当中，形成统一的图书馆建设体系，建立完善的、覆盖范围广泛的服务网络。纵向上，建立市级、区级、乡镇（街道）级、村（社区）级图书馆，形成图书馆服务链条；横向上，联合其他类型的图书馆，实现资源的共享，形成协调服

务的完善体系。佛山市最早开始建设联合图书馆的地区就是禅城区。在佛山市大力推动联合图书馆建设工作时，禅城区图书馆一方面与市内其他5个区的图书馆进行联合，实现成员馆之间的通借通还；另一方面根据区政府联合图书馆的建设方针继续进行区内联合图书馆建设工作。禅城区联合图书馆以区政府为建设主体，联合街道办事处和当地企业共同参与，各馆文献属总馆所有，联合图书馆的各类资源，包含街道或者企业投入的资产，都交由总馆统一进行分配和管理，总馆还肩负着对各分馆的服务质量进行监督和把握的责任。由此，禅城区图书馆在资源采购、书目编制等方面达到统一，实现了资源共享、通借通还的图书馆服务体系。可以说迄今为止，禅城区联合图书馆是我国唯一严格执行总分馆制的图书馆，其在总分馆建设体制和统一管理的基础上建立起了高度统一的联合图书馆体系，为我国公共图书馆发展采取总分馆制提供了借鉴经验。

2. 明确责任，做好统一服务与管理工作

总分馆制存在层级的划分，每个层级的实际办馆条件存在一定的差异。因此，服务和管理标准的统一就成了总分馆制实施的重要前提，各级图书馆的责任必须要明确，管理主体要制定统一的标准，并在所有成员馆实施。

【案例】

苏州图书馆的总分馆

苏州图书馆主动与各区政府和街道办事处进行沟通，共同建立社区分馆，并通过协议规定了各自的义务。当地政府提供分馆建设所需的房舍、设备，并进行了相应的装修，承担分馆的物业费用以及人员办公费用和图书购置费用；苏州图书馆负责提供软件安装服务、提供文献资源、管理人员的分派，并负责维持图书馆的日常运营。无论是与区政府还是与街道签订合作协议，所开设的分馆都建立在社区。读者在任一分馆阅览图书资源或上网全都无须证件，但如果需要外借图书则需要持有苏州图书馆的统一证件，借阅的图书可以在本馆体系内通借通还。为了统一各分馆的服务，苏州图书馆还采取了一系列管理和技术措施。例如，各社区分馆可以依照实际情况安排开放时间，但每周的开放时间要维持在50小时以上。总馆根据各分馆读者的需求每两个月增调一次图书，每次增调数量在400～500册之间，这些图书可能是新书，也可能是其他馆的周转图书。各分馆电脑上的引导界面也实现了统一，读者能够根据电子引导进行书目检索，查阅电子图书、馆藏数据库资源，浏览政务信息、共享工程等。目前，在一些公共文化服务发展情况较好的城市，标准总分馆制的实行取得了一定成效。这种图书馆建设制度虽然十分理想，但是对于大部分基层图书馆而言，由于其发展规模较小、资源不足，因此仍然存在一定的难度。由此可见，基层公共图书馆要结合自身实际条件有选择地实施标准总分馆制。

（二）实施准总分馆制

准总分馆制相对于标准总分馆制而言，其统一性比较低，往往只有部分实现了统一。准总分馆制虽然不能实现资源的高度统一分配，在实施过程中也可能出现资源重复建设、调配困难、发展不均衡的问题。但是相对地，分馆有更大的发展自主权和主动性。因此准总分馆制在实施过程中的灵活性更高，各地可以结合自己的实际情况进行探索实践。对于大多数自身发展程度不高的基层图书馆而言，这种制度是立足于实际且能够广泛实行的图书馆建设方式。

1. 分级投入、集中管理的准总分馆制

从我国的分级财政的实际情况来看，有些地区很难建设由上级统一投入资源的总分馆制。因此有很多地区选择建设城乡一体化公共图书馆服务体系，并且建设效果也很成功。

【案例】

嘉兴市构建城乡一体化的总分馆

嘉兴市公共图书馆体系也是由政府部门主导建立而成的，其中乡镇分馆是建设重点，村级或社区级的图书室等是基础网点。在建设过程中，嘉兴市还积极联合企业和学校等组织的图书馆共同建立分馆，形成了覆盖范围更为广泛的公共图书馆服务体系。这一体系覆盖了全市，形成了管理规范、功能完善、资源共享、城乡一体的准总分馆制公共图书馆体系。

嘉兴市公共图书馆的建设发展离不开政府的支持。市政府出台了《关于构建城乡一体化公共图书馆服务体系的实施意见》，对本市公共图书馆建设目标和任务进行了阐述和明确。政府不仅对公共图书馆体系的网点设置进行了细致的规划，还提出了可行的建设标准，统一了网点的具体建设工作。嘉兴市根据自身的发展实际情况形成了独具特色的公共图书馆建设体系，具体可以描述为，市、区、乡镇共同投入，总馆集中管理的模式。在建设过程中政府的资金支持也是必不可少的。嘉兴模式在建设与发展过程中形成了3个特点，分别是整体规划、三级投入和集中管理。政府和相关部门对图书馆体系的网点进行总体规划，并设计分馆的样式和服务模式与内容。三级投入的方式让政府能够发挥建设工作的主体作用，并将责任落实到每一级政府上，分散了县级政府的财政压力。集中管理则保证了业务的专业性。

【案例】

桐庐县构建城乡一体化的总分馆

杭州市桐庐县的公共图书馆建设的总体理念与嘉兴市相似。第一，政府成为建设工作的主体，并出台相关措施和文件，由县级相关部门主导，与乡镇政府签订共建协议，达成合作共识。在具体建设工作中，县文广新局担负主要责任，对工作期间的协调、管理、监督和检查等工作负责，乡镇政府则负责落实具体建设工作，并主导村级图书室的建设。分馆的业务开展则由县图书馆进行指导和管理。第二，经费投入由各级政府共同负责，并由文广新局进行统一管理。县图书馆建设所需经费主要由县政府承担，乡镇分馆的相关经费则主要由乡镇政府进行支持，图书馆体系运行所需的购书经费则由各级政府共同负责。其中，乡镇政府要根据当地服务人口数量来投入购书经费，标准为每人不少于1元，而县政府则按照1 ∶ 1的比例来落实配套经费。县级和乡镇级政府投入的购书经费统一交由县图书馆使用。第三，人员招聘、派遣、培训等相关管理工作由县级图书馆统一进行。在人员方面，桐庐县根据本地区的实际情况和分馆建设的要求，给予县图书馆13个人员指标，主要目的是配备各馆的工作人员。每个分馆都要有一名常驻管理人员，这名管理人员由县图书馆派遣，主要负责管理分馆的日常业务。乡镇图书馆也要根据分馆的实际规模和工作要求配备1名或多名工作人员，避免分馆不能正常运营。原则上，乡镇分馆运营所需的工作人员要公开面向社会招聘，选拔合适的人员后还要接受总馆的培训，在合格之后才能正式工作，合同由乡镇政府与其签订。第四，公共图书馆的文献资源要统一采购，在加工之后进行统一配送。县图书馆负责文献资源的采购和加工等工作，并定期将文献资源配送至各分馆。在实施总分馆制3年后，桐庐县的图书馆建设取得了显著成果。全县的12个乡镇均建立了图书馆分馆，面积达到了2 528m^2，其中最小的百江分馆也有110m^2，富春江分馆的面积则达到了480m^2；每个分馆都建设了电子阅览室，配备的电脑也在10台以上。乡镇分馆和村级图书流通点实现了全域覆盖，并且所有的图书馆服务都免费。

2．分级建设、统一规划的准总分馆

对于大型城市而言，独立的总分馆很难建立。因此上海、杭州等大型城市大都立足于自身实际，尝试进行“中心馆－总分馆制”建设，并取得了一定的成功经验。所谓“中心馆－总分馆制”指的是在本地的公共图书馆服务网络建设中设立中心图书馆，中心馆只负责对本区域内公共图书馆建设的统筹规划、建设指导、工作评估和协调等工作，区域内文献资源的整合也交由中心馆实施。具体的建设工作由各个分区域内的图书馆来承担。这样的总分馆制建设能够避免财政分级制度对图书馆体系建设产生的阻碍，对于我国的大型城市而言，这种模式最为可行。

“上海模式”也非常成功。上海公共图书馆体系在建设过程中没有改变成员的行政关系和人事关系，而是将上海图书馆作为总馆，将各地区、各县的不同类型的图书馆当作分馆来进行建设，并吸纳乡镇地区和街道的公共图书服务点来作为基层网点，通过网络连接，形成了新型图书馆联合体。这种新型图书馆联合体的建设实现了资源共建共享，也提升了图书馆的服务水平。在十年建设过程中，上海市中心图书馆始终坚持结构合理、网络健全、运行高效、发展均衡、惠及全民的原则不断探索新的路径，逐渐形成了3种不同的运行模式，分别是公共分馆模式、专业分馆模式和大学分馆模式。

杭州的公共图书馆建设经验也值得分析借鉴。从本质上讲，杭州的公共图书馆体系建设也是“中心馆－总分馆制”。在建设过程中，杭州图书馆充分利用了各级各区域的公共图书资源，建立了覆盖全域的公共图书馆服务体系，该体系充分结合了当地的发展特色，形成了科学合理的结构，实现了文献资源的统一规划、调配，为公众提供了优质的服务，还提高了各图书馆的运行效率。杭州图书馆是该体系的中心，负责统筹规划、标准确立、统一管理等工作，同时也负责对其他分馆进行业务指导、技术支持等工作。此外，由于体系庞大，杭州图书馆无法兼顾所有的分馆建设和指导工作，因此下一级图书馆也要担负起对辖区内的下级分馆的指导责任。

我国公共图书馆总分馆制尚处于发展的初级阶段，许多地区也对这一模式进行了创新性探索。例如，在借鉴了东莞和深圳福田区的不同图书馆建设模式经验之后，哈尔滨创建了具有地域特色的“哈尔滨模式”。在资金投入方面，区图书馆的运行费用和人员支出仍旧由区政府来负责，业务经费投入的分配则是市图书馆占6成到7成，区图书馆占3成到四成；在资产管理方面，“哈尔滨模式”主张谁投入谁拥有所有权，市图书馆主要负责图书的购入和管理，区图书馆重点负责报刊的购入和管理，在管理上实现统一采编、通借通还。在具体操作过程中还会按照一定的条件整合区图书馆，使区图书馆的建筑面积达到1 000m^2以上，工作人员至少要有8名，每年的购书经费投入不能少于5万元。通过一系列的建设措施的落实，哈尔滨市形成了三级总分馆公共图书馆服务体系，也就是以市图书馆为总馆，以区图书馆为各区中心分馆、社区图书馆为基层网点，通过互联网连接的图书馆服务体系。这种管理模式被称为共同管理模式。在以往的发展历史中，我国的公共图书馆总分馆制遇到了许多困难和挑战，今后我国也要不断深入对公共图书馆服务体系建设的研究，才能突破发展瓶颈，迈入新的发展阶段，形成完善的、能够持续发展的、适应我国城市实际发展状况的总分馆建设模式。

在我国公共图书馆总分馆制的发展实践中，各地的图书馆建设都是结合本地的发展实际来进行的，因此形成了独具特色的总分馆制模式，这些建设经验都是值得广泛推广的。

【案例】

以德清县构建特色图书馆为标志的总分馆

德清县是浙江省湖州市辖县。在公共图书馆建设过程中，德清县文广新局和该县的镇街道以委托管理的合作形式，将需求作为工作导向，始终坚持特色化建设，坚持将服务作为主要建设内容，整合县内图书馆资源，突出自身的优势，促进乡镇特色图书馆的发展，走出了一条具有本县特色的总分馆制建设道路，为本县的城乡公共服务发展做出了贡献。德清县的第一个特色图书馆建立于素有“避暑胜地”之称的莫干山景区。文广新局与当地镇政府合作，将兴建于1932年的莫干山小学礼堂以及原本的图书室的3间房舍改为图书馆舍，建造了一座具有当地特色的图书馆分馆——民国图书馆。2017年，钟管镇的鑫山民俗图书馆开放运营，随后，乾元国学图书馆、下渚湖湿地图书馆也逐渐完成基础建设，准备开放；有4家分馆已经完成选址，开始进行装修设计。至此，德清县的图书馆网络已经覆盖了全县2/3的乡镇或街道。

德清县的特色分馆建设措施总结起来有以下几点。第一，加强组织领导，保证经费充足。德清县文广新局组建了专门负责特色分馆建设工作的领导小组，副局长担任组长，县图书馆馆长任副组长，工作办公室建立在图书馆，工作班子则由图书馆组建，由一名副馆长负责具体工作的开展。主管部门每年都会在县文化发展专项资金中划拨出200万元来支持分馆的建设工作。第二，实施共建。镇街道负责分馆的选址和申请提交，然后分馆建设领导小组进行实地考察，确定馆址后再设计品牌特色。装修工作由图书馆指定的设计人员进行功能布局并形成设计方案，再经由领导小组和镇政府共同商定。分馆的建设面积通常不低于300m^2位置选在街区的中心，楼层在两层以下，便于读者进出。馆舍也可以使用具有特色或历史悠久的房屋。装修的具体工作由镇政府根据装修方案进行招标，然后选择合适的施工方施工。此外，图书馆内的家具设计、图书采购、设备采购等工作也应同时进行，节省准备时间。装修完成后，双方进行验收，合格后将钥匙交予图书馆。图书馆负责后续工作，如馆长选派、人员招聘、开馆准备工作等。然后镇街道和文广新局联合举办开馆仪式，后续管理和运行工作由图书馆负责。第三，充分发挥图书馆的作用。分馆是当地读者获取公共阅读服务的主要网点，担负着促进本镇居民阅读的任务，要免费为读者提供服务，开展相关的办证服务，实现自助化借阅和通借通还。此外，分馆还要在县图书馆的指导下开展相应的特色化阅读推广活动，指导本地的村级图书室、农家书屋等形式的图书馆网点建设。

五、我国基层总分馆制的全面推进

在县域开展图书馆总分馆制建设是我国基层公共图书馆的发展方向。中共中央办公厅、国务院发布了《关于加快构建现代公共文化服务体系的意见》，强调了县级政府要以文化馆和图书馆为中心推动总分馆制建设工作，加快实现城乡基本公共文化服务的均等化。该文件出台后，许多地区都贯彻落实了党的公共文化服务发展理念，出台了相关政策推进本地区图书馆的总分馆制建设。

（一）明确指导思想和基本原则

《关于推进县级文化馆图书馆总分馆制建设的指导意见》（以下简称《意见》）提出的指导思想是："全面贯彻落实党的十八大和十八届三中、四中、五中、六中全会精神，深入贯彻习近平总书记重要讲话精神和治国理政新理念新思想新战略，认真落实党中央、国务院决策部署，坚持以社会主义核心价值观为引领，坚持以人民为中心，以县为基本单位，以乡村为重点，以统筹发展、提高效能、促进均等为原则，推动具备条件的地方因地制宜推进县级文化馆、图书馆总分馆制建设，发挥县级总馆在县域公共文化建设中的中枢作用，通过分馆把优质公共文化服务延伸到基层农村，增加公共文化产品和服务供给，为更好地满足广大群众基本文化需求创造良好条件，提供有力保障。”

从这个《意见》中可以提炼出基层图书馆总分馆制建设的四条原则：一是政府主导，统筹实施；二是改革创新，提升服务效能；三是强化基层建设，促进服务均等；四是实事求是，分类推进。由此可见，总分馆制建设在工作实践中要坚持“四个结合”。第一，从组织出发，坚持政府主导与社会参与相结合。县级政府要主动在建设工作中承担规划和组织等的统筹规划责任，通过各种措施来优化县域内的资源共享和合理配置，完善公共图书馆建设的相关配套措施；鼓励社会各界参与公共图书馆体系建设，确保公共图书馆建设工作有序进行。第二，从效能出发，坚持共建共享与鼓励创新相结合。公共图书馆要不断创新管理和运行机制，优化建设、管理和使用等环节，实现文化资源的共建共享，发挥整体优势，实现物尽其用、人尽其才，提升公共图书馆的综合效益。第三，从规划出发，坚持全面突进与重点突出相结合。政府要重视乡村两级公共图书馆或图书室建设，要始终坚持以满足群众的阅读需求为主要目标，增加基层尤其是农村地区的公共文化资源。第四，从实际出发，坚持整体发展与区域发展相结合。在公共图书馆发展建设过程中，要重视规划与建设工作与当地发展特色的结合，积极鼓励开展试点工作，根据当地的实际情况推进公共图书馆发展建设工作，分类进行指导，并总结建设经验，为其他地区的基层公共图书馆建设发挥示范作用，形成具有区域特色的总分馆制建设模式。

（二）细化工作主要措施

1. 总分馆制建设方面的具体措施

第一，将总分馆制建设纳入现代公共文化服务体系。《意见》中对规划和布局的重要性进行了强调。基层公共图书馆总分馆制建设要坚持由政府主导，科学进行规划，由省级文化行政部门牵头，相关部门配合，制订适合本地的规划和建设方案，县级政府负责具体的组织和实施工作。各地区要根据自己的社会发展和经济发展实际情况，综合考虑各方面因素，合理确定公共图书馆服务网络建设的布局、规模和标准。已经实施总分馆制有一段时间的地区要总结成功经验，不断完善制度并推广自己的模式；尚未实施但发展条件合适的地区要积极借鉴其他地区的成功经验，开展试点工作，积极探索适合自己的总分馆制建设模式；暂时不具备建设条件的区域则要通过有力的措施发展本地区的图书馆建设，尽快达到相关建设要求。

第二，因地制宜地推进总分馆制建设。《意见》强调，地方图书馆体系建设要根据实际情况来开展工作，乡镇和村级的分馆是建设的重点。总分馆制建设要根据当地的实际情况，以试点的形式积累建设经验，稳步推进建设工作。县域内公共图书馆总分馆制建设要结合当地的文化馆、图书馆、综合文化站等设施来进行，将符合条件的县级图书馆设为总馆，将基层的综合性文化服务中心设为分馆。在建设过程中，政府要充分利用现有文化设施，如农家书屋，要将农家书屋与各类图书馆资源进行整合，选择符合条件的农家书屋建设成图书馆分馆，不符合条件的基层文化设施则可以设置为基层服务点，推进公共图书馆服务的延伸。

第三，积极鼓励社会力量参与建设。例如，鼓励具备建设条件的学校、企业等的图书馆（室）加入县级图书馆总分馆制建设，成为分馆。《意见》中还指出了社会力量如何参与总分馆制建设，例如，地方可以探索借助社会专业机构的力量展开建设工作，通过委托管理等方式以科学化的管理和专业化的服务来维持总分馆的运行。

2. 总分馆运行方面的具体措施

第一，政府要明确总分馆的功能与运行机制。在具体工作当中，县级图书馆要将整合县域的公共阅读资源作为工作重心，因为县级区域的公共文化设施建设投入本来就比较薄弱，建设资金也比较少，因此集中资源就尤为重要，县级图书馆体系建设过程中，总馆要主动进行文献资源采购和管理工作的统一，并对所有员工进行培训，优化服务，实现主分馆的通借通还。在管理方面，业务指导和资源统筹是重点工作，总馆进行总体规划，分馆要严格执行总馆的规划和安排，按照总馆制定的服务标准提供公共服务，为基层群众提供高质量的阅读服务。

第二，图书馆要创新服务的方式和方法。群众的需求是改进和提升公共图书馆服务的重要意见来源，总馆和分馆都要重视群众的文化需求和意见反馈，建立通畅的渠道实现与群众的沟通，通过订单式服务满足群众的需求。此外，图书馆还要充分利用现代信息技术，合理使用国家公共数字文化工程和资源，打造数字化公共文化服务平台。总馆和分馆要充分利用流动图书车等方式方法展开流动性的公共文化服务，扩大公共图书馆有效服务的覆盖范围。

（三）加强组织保障

1. 从领导保障上，明确工作责任

各县要重视县级图书馆总分馆制建设工作，通过图书馆网络建设加快现代化公共文化服务体系的建设，从建设时间线、建设路径等方面对相关工作进行明确，加快相关工作的推进和落实。各级文化行政部门要进一步与相关部门进行统筹规划，协调相关工作，主动推动图书馆开展网络建设工作，形成推进公共文化服务建设的合力。有关部门要积极配合图书馆总分馆制建设工作，加强基层文化资源的共建共享。省级图书馆和市级图书馆要支持县级图书馆总分馆制的建设工作，指导其业务的开展。

2. 从经费保障上，提供投入保障

各地也要从各方面支持本地区的公共文化设施建设，完善相关建设工作，为图书馆总分馆制建设打下基础。地方各级财政部门要支持总分馆制建设和运营的相关工作，提供充足的资金支持。县级文化馆和图书馆总馆要在规定范围内加强对资金渠道的统筹，根据发展规划的目标来采购和调配资源。各省级、区级、市级政府对于积极开展试点工作并有了一定成效的下级单位也要给予相应的支持和鼓励。

3. 从人员保障上，加强队伍建设

在总分馆制建设工作中，人员聘用要根据编制总量和《国家基本公共文化服务指导标准》（2015—2020 年）所规定的对应的编制政策来进行人才队伍建设。各馆的建设规模以及所需服务的人口数量、服务的模式等也是决定人员配置数量的重要因素。图书馆总馆要加强对所有工作人员的培训和考核工作。有条件的地区可以通过政府购买服务的形式来弥补总分馆内工作人员不足的问题。

4. 从监督保障上，完善评估机制

图书馆建设进度和水平应当纳入公共文化服务建设考核指标体系中。当地文化行政部门也要重视对本县的公共图书馆体系建设工作的监督和评估。为了鼓励当地相关部门推进图书馆体系建设工作，考核结果也应与相关单位未来的预算规划和收入等挂钩。部分地区还可以引入第三方来测试总分馆体系的服务效能，收集公众的满意度数据。

《关于推进县级文化馆图书馆总分馆制建设的指导意见》切实解决了我国县级图书馆服务体系服务能力弱、公共文化资源整合度不高、城乡公共文化服务发展不均衡等问题，推动了全国各地区的图书馆总分馆制建设，促进了互联互通的图书馆群的建设，让公共图书馆实行总馆主导、分馆统一布局，资源共享、服务标准统一、管理与运行上下联动的总分馆制运营模式，实现公共阅读资源的下沉、服务的均衡，提高公共图书馆体系的服务能力和综合效能。在这个过程中，县级政府不仅促进了县级图书馆和乡镇图书馆分馆的建设与发展，还加强了对农家书屋的统筹管理，实现了农村、城市的公共图书资源的整合和共享。

为了贯彻落实《意见》所传达的工作精神，发挥评价体系对公共图书馆体系建设工作、管理工作和服务工作的积极促进作用，让全国公共图书馆事业得到大幅度发展，文化部于 2017 年开展了四年一度的全国县级以上公共图书馆评估定级工作，这也是本工作开展的第六次。在此次工作中，地市级和县级的公共图书馆事业评估指标中加入了总分馆的指标，强调了总分馆制建设和公共图书馆的服务效能。评估指标的改变促进了各地的公共图书馆总分馆制建设工作。2017 年 11 月 4 日，我国颁布《中华人民共和国公共图书馆法》，其中提到了总分馆制。本法第三十一条规定：县级人民政府应当因地制宜建立符合当地特点的以县级公共图书馆为总馆，乡镇（街道）综合文化站、村（社区）图书室等为分馆或者基层服务点的总分馆制，完善数字化、网络化服务体系和配送体系，实现通借通还，促进公共图书馆服务向城乡基层延伸。总馆应当加强对分馆和基层服务点的业务指导。

该法条规定的意义在于：第一，通过法律形式确立我国基层图书馆服务体系建设的主要形式为总分馆制，在《意见》发布的基础上进一步强调了县级图书馆进行总分馆制建设的重要性；第二，该法律规定也确定了县级公共图书馆在相关建设工作中的重要地位，明确了县级公共图书馆是本区域内图书馆体系建设的核心，总馆负责对各分馆和网点的相关建设和服务工作的指导；第三，政府在工作中的主体责任地位不可动摇；第四，强调县级公共图书馆总分馆制建设要符合当地特色，因地制宜地进行相关建设工作；第五，县级公共图书馆体系建设要将乡镇（街道）的综合文化站以及村级图书室、社区图书阅览点等纳入体系中，作为体系内的分馆或者基层服务网点，充分发挥现有的基层文化设施的作用，整合全域文化资源，形成健全的文化服务网络；第六，相关部门要充分运用现代化技术完善基于网络和数字化技术的服务体系，实现全域公共图书馆的通借通还服务，促进公共图书馆服务深入乡镇基层。

第二节　基层公共图书馆的发展方向

一、因地制宜，实施重点发展策略

目前我国公共图书馆服务体系建设已经取得了一定的成效，每个地区、每个城市的公共图书馆体系建设水平与当地的发展水平挂钩，各有不同，未来我国的公共图书馆建设依然要重视平衡性和特色性，根据地区的特点来开展相关建设工作。

对于城市而言，公共图书馆服务体系应当重视其便利性和服务性的提升，将工作重点放在区图书馆、街道图书馆和社区图书馆等的建设上，形成网点覆盖广泛的公共图书馆群，通过现代技术和自主设备的使用来提升服务质量。对于农村地区的公共图书馆体系建设而言，政府要将公共图书馆建设与文化资源共享工程的基层服务点、乡镇文化站、农家书屋等设计进行整合，发展基础阅读服务的同时也要提升网络服务质量。不同地区的农村公共图书馆体系建设也应当分层次进行，中西部地区农村公共图书馆服务体系应当重视县（市）级图书馆建设；东部的经济发达地区则应重视乡镇图书馆和村（社区）级图书馆的建设。

二、结合地区特点，多元化选择建设模式

近年来，我国的公共图书馆在建设服务体系方面已经进行了很多尝试，但是由于每个地区的发展情况不同，现在较为成熟的一些建设模式在某些地区并不能得到很好的应用，例如，广东的“流动图书馆”模式在这个经济发达的城市运行

良好，但是却未必能在中西部地区建设；深圳的“图书馆之城”模式也只能在大城市发挥其优势。总之，我国公共图书馆服务体系模式在城市中发展良好，但缺少适用于农村的体系化模式；省域内建立的体系化模式较多，适用于县域的体系化模式比较少。并且许多成形的体系化建设模式都是结合了本地的发展特色而形成的。未来我们要将重点放在探索新型的农村体系化模式和县域体系化模式上，各地的基层公共图书馆服务体系建设要重点发展总分馆制，形成区域合作网络，以地区发展特色为依据，借鉴其他地区的先进建设经验形成结合地方特色的公共图书馆服务体系建设模式。

三、应用新技术，促进图书馆信息化

基层公共图书馆要积极引进和熟练运用新技术来提高本馆的信息化水平。具体而言，基层公共图书馆要积极研究新技术，从图书馆的规划布局到具体服务，都要尝试运用信息化技术保障服务理念的实现；缩短新技术引进到应用在图书馆建设之间的时间，更好地让技术服务于图书馆；深化一体化管理，发挥中心馆的资源优势和技术优势，形成统一的业务集成网络，实现图书馆群各个成员馆的一体化管理，为公众提供标准化服务。

最近几年，信息技术在基层图书馆的应用也逐渐广泛，许多基层图书馆都在尝试使用信息技术来建设图书馆，改进自己的服务。例如，张家港市的梁丰社区有一个 24 小时开放的智慧小木屋图书馆，在与市图书馆联网之后，市民就能凭借阅读卡刷卡进入，自助阅览图书或者借还图书。

四、利用有利政策，构建保障机制

公共图书馆是我国公益事业的一部分，在其建设过程中，政府要发挥其主导作用。在地方出台的发展规划文件中，地方政府都对公共文化发展进行了详细的规划。公共图书馆行业也应充分利用政策优势，与政府的文化部门加强合作，构建起完整的保障机制。

（一）法律政策保障

2017 年 3 月 1 日起施行的《中华人民共和国公共文化服务保障法》（以下简

称《保障法》）共六章六十五条，对公共文化设施的建设与管理、公共文化服务提供、保障措施、法律责任等分别进行了详细规定。《中华人民共和国公共文化服务保障法》为基层图书馆的发展提供了根本保障。比如，其中第十八条规定："地方各级人民政府可以采取新建、改建、扩建、合建、租赁、利用现有公共设施等多种方式，加强乡镇（街道）、村（社区）基层综合性文化服务中心建设，推动基层有关公共设施的统一管理、综合利用，并保障其正常运行"，为基层图书馆的设施建设提供了法律保障。第三十五条规定："国家重点增加农村地区图书、报刊、戏曲、电影、广播电视节目、网络信息内容、节庆活动、体育健身活动等公共文化产品供给，促进城乡公共文化服务均等化。""面向农村提供的图书、报刊、电影等公共文化产品应当符合农村特点和需求，提高针对性和时效性。"

2017 年 4 月 19 日国务院常务会议通过了《中华人民共和国公共图书馆法（草案）》，最终于 2017 年 11 月 4 日颁布《中华人民共和国公共图书馆法》（以下简称《图书馆法》），2018 年 1 月 1 日起施行。《图书馆法》对接《保障法》，明确了各级政府是公共图书馆服务体系建设的主要责任组织，政府要肩负起公共图书馆的设施建设、工作监督、业绩考核、制度保障建设等方面的责任。政府要以保障职责为核心，在自己事权范围内承担起资金支持的责任，有效保障公共图书馆的建设。根据《图书馆法》的规定，各级政府要支持公共图书馆的网络建设，形成国家、省、市、县、乡、村 6 级的公共图书馆服务网络，并通过运用信息化技术和数字化技术等高新技术来强化公共图书馆的服务能力，建立起自主化服务体系和配套设施，逐渐扩大公共图书馆的服务覆盖范围。公共图书馆也要充分利用现有的资源和设施，免费为公众提供阅读服务、文献信息查询服务等，并通过公益性讲座、培训和展览等形式为公众提供多样性的公共文化服务。

县级政府要重视本地的公共图书馆体系建设，通过增加服务的形式和内容等方法来不断扩大公共阅读服务的覆盖范围，并主动促进公共图书馆与其他图书馆之间的合作与交流，促进图书馆服务覆盖面的延伸。地方政府也在立法方面加强了对公共图书馆体系建设和公共文化服务发展的支持，立法越来越完善。地方政府还要不断加强对公共图书馆建设的指导工作，建立完善的标准体系，让公共图书馆建设和管理更加规范。

（二）发展规划保障

《保障法》第十五条规定："县级以上地方人民政府应当将公共文化设施建设纳入本级城乡规划，根据国家基本公共文化服务指导标准、省级基本公共文化服务实施标准，结合当地经济社会发展水平、人口状况、环境条件、文化特色，合理确定公共文化设施的种类、数量、规模以及布局，形成场馆服务、流动服务和数字服务相结合的公共文化设施网络。"《图书馆法》第四条规定："县级以上人民政府应当将公共图书馆事业纳入本级国民经济和社会发展规划，将公共图书馆建设纳入城乡规划和土地利用总体规划，加大对政府设立的公共图书馆的投入，将所需经费列入本级政府预算，并及时、足额拨付。"

公共图书馆要积极配合政府所制定的关于本地公共图书馆发展的长期规划，从专业角度开展公共图书馆体系建设工作，合理布局，为公民提供更加优质的信息服务，实现公共图书馆的社会价值。

（三）经费保障

《保障法》第四十五条规定："国务院和地方各级人民政府应当根据公共文化服务的事权和支出责任，将公共文化服务经费纳入本级预算，安排公共文化服务所需资金。"第四十六条规定："国务院和省、自治区、直辖市人民政府应当增加投入，通过转移支付等方式，重点扶助革命老区、民族地区、边疆地区、贫困地区开展公共文化服务。""国家鼓励和支持经济发达地区对革命老区、民族地区、边疆地区、贫困地区的公共文化服务提供援助。"《图书馆法》第十五条将"必要的办馆资金和稳定的运行经费来源"作为设立公共图书馆必备的条件。

从以上法规政策中可以看出，政府从法律层面保障了公共图书馆服务体系建设的经费支持，行业内部也要对经费进行科学的管理和规划，保障经费能够用在实处。同时我国政府也鼓励其他行业和社会力量为图书馆建设提供各方面的支持。

（四）行业组织保障

我们要充分发挥图书馆学会等在图书馆建设工作中所起到的积极作用，组织各类图书馆进行行业内的交流与协调，搭建图书馆之间交流合作的平台，从更高的层面促进公共图书馆事业发展。

中国图书馆学会对基层图书馆的建设与发展工作十分重视，组织和承担了许多有利于基层公共图书馆发展的项目，召开过“中国社区乡镇图书馆发展研讨会”等会议，组织相关人员对基层公共图书馆的发展展开学术研究，并举办了“县级公共图书馆馆长培训班”，提高了基层公共图书馆工作人员的工作能力和水平。

（五）人员教育保障

《保障法》第五十一条规定：“地方各级人民政府应当按照公共文化设施的功能、任务和服务人口规模，合理设置公共文化服务岗位，配备相应专业人员。”第五十四条规定：“国家支持公共文化服务理论研究，加强多层次专业人才教育和培训。”《图书馆法》第十九条规定：“公共图书馆应当根据其功能、馆藏规模、馆舍面积、服务范围及服务人口等因素配备相应的工作人员。公共图书馆工作人员应当具备相应的专业知识与技能，其中专业技术人员可以按照国家有关规定评定专业技术职称。”

从以上法律规定中可以看出国家重视公共图书馆工作人员的工作素质与职业发展，解决了分馆等基层员工的管理属性问题，并从教育角度完善了图书馆学学历教育、职业教育和业务培训等教育体系，逐渐形成了健全的图书馆行业准入制度。

（六）服务保障

我国为基层公共图书馆提供了一系列业务开展依据，如《公共图书馆服务规范》（GB/T 28220-2023）、《乡镇综合文化站建设标准》（建标 160—2012）、《社区图书馆服务规范》（WH/T 73—2016）等，为我国的公共图书馆发展提供了指导。

在具体服务工作中，公共图书馆要注意对以下关系的理解与处理：一是大众化服务与专业化服务之间的关系，大众服务是公共图书馆的基础性服务，也是公共图书馆实现均等化服务的重要工作内容，而专业化服务则是公共图书馆服务的提升与发展；二是细化阅读服务和信息服务之间的关系，推进全民阅读，基层图书馆的服务工作是必不可少的，因此公共图书馆要加强对读者的阅读服务，提升服务的精细化程度；三是以馆内资源整合为基础的服务和以馆外资源整合为基础的服务之间的关系，图书馆要加强与其他社会部门之间的交流合作，如新闻媒体、文化馆、电影院、学校等文化和教育机构，或者党委政府、共青团等政府组织机构，与它们联合展开文化服务，丰富自身的服务种类和方式，提升自己的社会效益。

第三节　城镇化进程中的基层公共图书馆建设

一、基层公共图书馆建设的主要任务

相对完善的服务体系可以保证服务效能的明显提升。党的十八大报告指出：坚持面向基层、服务群众，加快推进重点文化惠民工程，加大对农村和欠发达地区文化建设的帮扶力度；加强重大公共文化工程和文化项目建设，完善公共文化服务体系。公共图书馆从2017年3月1日起开始执行《公共文化服务保障法》，该法为公共图书馆的发展提供了相应的法律基础。公共图书馆建设属于当前公共文化服务体系构建过程中较为重要的任务之一，在落实相关政策的时候，需要结合具体的情况加以分析。公共文化服务惠民工程在具体推进的时候，其呈现出自上而下更新的崭新局面，尤其是基层场地、设施和设备等加以改善，至今已有相对稳固的基础。结合目前的情况分析，首要的任务应该是采取合理化的措施优化公共图书馆服务体系，以此保证服务的效能得到明显的提升，打造出更为理想化的公共图书馆服务模式。

（一）从图书馆设施“全设置”向“全覆盖”迈进

《国家新型城镇化规划（2014—2020年）》明确了“城乡规划、基础设施和公共服务一体化”等基本方针，主张在具体的行动中将上述内容作为落脚点，确保稳步地推进基层公共图书馆的建设进程。公共图书馆服务体系的构建目标便是让图书馆服务真正地实现均等化，文化惠民工程的实施重点便是让县图书馆和乡镇综合文化站等实现有效的覆盖。结合上述提及的具体内容和基层公共图书馆服务体系的相关网络，基层中也只是具备对应的独立“设置”，可以充分地体现出自身的作用，彰显出的服务效能十分有限。“在具体的实践中，应该将基层公共图书馆服务适当地进行延伸，逐步地延伸至村和乡镇的层级，才能达到较为理想

化的全面覆盖目标”。“全设置”也就是单纯地对行政建制的执行，由此在狭义上实现全面覆盖的目的，从本质上解读，其仅仅是一种网络体系，实现对常住人口的覆盖目标。想要平稳地实现过渡，促使全面设置到全面覆盖的目标顺利地达成，要经历相对漫长的时期，整个过程也涉及复杂的流程，此项工作如果可以和新型城镇化建设同步落实便能保证基本的作用和成效。

（二）从图书馆服务向图书馆服务均等化转变

近年来，国家公共图书馆事业取得了较为显著的进步，但是其不平衡的发展状态仍然备受关注，同时反映出的服务不均等问题也成了各方探讨的焦点。怎样合理地构建起较为科学的服务模式，突出标准化和规范化的服务，让图书馆日常服务进一步优化，促使个体、局部图书馆服务合理地转变为体系化、全覆盖的服务模式，成为公共图书馆事业发展进程中需要解决的突出问题。

二、制约基层公共图书馆服务体系建设的瓶颈

（一）多种模式的图书馆服务体系实践

合理构建图书馆服务体系时，应该重视相关模式的对应选择。为了更为理想的效果，主张将总分馆制视作重要的主体，现已成为备受瞩目的重要形成方式。各地实践阶段中，由于地域差异的干扰作用，多种模式以及经验逐步地显现出来，应该综合分析多个问题，以使方案更加可行。“嘉兴模式”“苏州模式”等在支配资金上并未出现明显的难题，因此能够更好地实现对人员的科学化管理，确保人、财、物等能够协调统一，现已成为东部地区富有代表性的实践模式。结合目前国家的相关实践行动，克拉玛依图书馆联建共享项目和铜川图书馆一体化建设项目均属于富有代表性的首批实践对象，其重点是将基层乡镇作为重要的主体，借助富有代表性的建设模式，打造出科学化的基层公共图书馆服务体系建设成果。

（二）体制是构建公共图书馆服务体系的最大障碍

在国内，多种模式和经验的传播都具备一定的参考价值，如当前正在重点实施的“分级管理”、财政“分灶吃饭”体制，都能合理地规避一些问题，妥善地解决基层图书馆管理体制可能产生的负面影响，探索出更为适宜的服务体系，使

得公共图书馆服务更加到位，真正地达成理想化的实践成果。在中国图书馆学会“基层公共图书馆服务体系建设”的交流活动中，关于一些基础性的问题，各方学者展开了细致的讨论，而不同地区公共图书馆的矛盾问题，便成了关注的焦点。一位学者表示，想要真正地实现理想化的基层公共图书馆建设目标，需要重视组织、经费和人员的科学调整，图书馆也需要关注本身的服务效能是否有了明显提高。还有学者也表达了其自身的观点，倡导应该科学地优化服务体系科学的优化到位，寻找合理的突破口，让人、财、物等不同方面科学地协调到一起，打破以往的限制性因素，使得常态化的目的圆满达成。结合公共图书馆本身的服务体系来看，体制障碍是最为明显的限制性因素。

三、新型城镇化背景下基层公共图书馆服务体系建设策略

《国家新型城镇化规划（2014—2020年）》出台之后，关于基层公共图书馆的建设工作也与之建立起密切的联系。在相关文件出台后，多个国家顶层职能部门即开始积极地建立起协调组，在相互配合的过程中，共同为同一个目标努力，主张在合理地配合与协商中，完成有效地部署等多项活动。面对经济社会的稳步发展，基层公共图书馆应该把握新型城镇化的契机，构建起科学化的服务体系，促使基层公共图书馆事业实现跨越式发展的基本目标。

（一）建立与新型城镇化协同推进的公共图书馆服务体系发展规划

一位富有代表性的建筑设计大师，表达了他对于基层公共图书馆的看法。在他的观点中，建筑并非城市建设的关键，而是可靠的规划。面对当前新型城镇化的发展进程，需要重视公共图书馆的重要地位，政府应发挥出对应的主导作用，与各级机构进行全面细致的规划，以此实现有效的城乡覆盖，合理推进相关的进程，体现出较为理想的超前意识。原文化部部长蔡武在接受相应的访问时表达了自身的观点，认为面对当前农村建设的整体进程，应该重视文化建设，其可以作为一项关键的指标加以考量，真正实现同步发展的具体规划，才能更好地实现现代化的目标；如果未能将此项行动落到实处，未能注重文化的现代化建设，将无法实现全面现代化的构建目标。政府应该严格地依照城乡一体化的基本原则筹划公共图书馆服务体系，确保城市和乡村能够处于同一个系统之下，实现科学的整

合与规划，促使城乡居民能够真正地享受到更为得当的文化服务，维护城乡公民的基本权益。若是政府对公共文化服务的前期缺少科学的筹划，后期未能落实科学化的指导，将会影响到具体的成果。

（二）基层图书馆建设主体上移

基层公共图书馆服务体系最为重要的问题就是让社区和街道的图书馆建设主体实现科学的规划，进行重新定义，在了解了具体建设能力的前提之下，将基层图书馆的体制障碍逐步打破。以河南信阳的“平桥模式”来看，主要是重点突出公共图书馆服务体系的基础文化设施价值，以此保证基层文化建设的实际价值得以彰显，确保公共图书馆服务体系的稳定发展，实现可持续发展的目标，让经济欠发达地区也能拥有更为可靠的超前规划。

在政府主导之下的基层图书馆服务体系具体构建的过程中，笔者认为，应该将县和区级政府视作重要的建设主体，这是最为适宜的方案。县、区、乡镇的自然条件相对合理且较为卓越，但是经济基础存在着高低不齐的问题，使得文化资源凸显出明显的地域特征。在政府筹划时，如果将市级政府作为重要的建设主体，便会影响到资金使用和人员管理等多个方面，在未能充分考虑各地方差异的基础之上落实相关的工作，导致县、区和市无法统筹协调，增加了管理的难度。在国家公共文化服务体系示范项目的推进过程中，西部经济欠发达地区共涉及 4 个示范项目，主要是以项目形式加以推广，虽然市级政府属于建设主体，体现出各自的特色和特征，但是相对东部发达地区来说，并未及时地开展实质性的实践活动，因此无法彰显出基本的示范效果。在学者的观点中，将克拉玛依市排除在外，认为攀枝花和铜川主要是将服务体系末端运行的部分经费融入财政预算的具体范围内，但是衡阳却并未将其列入其中，可见欠缺的部分直接影响到示范项目的具体推广成效。若将乡镇政府作为建设的主体，在经济基础相对薄弱和领导意识较为欠缺的地区，极易出现流于形式的问题。

（三）统筹规划，合理布局，整合服务资源

基层公共图书馆服务体系在基本构建阶段，应该重视最为主要的任务，即让图书馆服务设施得到有效的改善，真正地向着全面设置和全面覆盖推进。应该依照《公共图书馆建设标准》和《公共图书馆建设用地指标》的相关规定和要求，结合惠及全民的基本原则，让需求导向和因地制宜的建设方案有效地落实到位，使功能设置更加合理、资源配置更加到位，制定出科学的建设指标，确保基层图书馆全面覆盖，形成完备的公共图书馆设施网络。嘉兴在坚持需求导向的基础上，使村级图书室能够在整体的布局上体现出合理性和科学性，打破行政区划的具体限制，依照人口分布密度设置图书室的基本思路成了令人关注的焦点。

乡镇综合文化站和文化共享工程基层服务点等具体方案的落实，在确保基层公共服务网络设施能够真正达到全面设置的基本目标方面，呈现出较为理想的状态。但是，因为服务网络设施的管理反映出较为明显的问题，如主体呈现出分散状态以及无人管理等，导致阵地和设施的实际利用率明显降低，基层乡村中未能体现出实际的价值，可以说是虚有其表。基层服务设施和设备资源的闲置问题应该受到关注，这种严峻的形势应引起人们的反思。从文化惠民的角度上分析，设计的关键之处便是让公共图书馆服务发挥出自身的影响力，确保乡镇综合文化站的基本职能得以落实到位，如图书借阅和信息陈列等多种多样的内容。但是因部分业务未能及时地落到实处，使得多种资源始终处于闲置状态。文化共享工程的服务点承载着不同的职能，如图书馆视听资料的传播和信息数字化服务等，在具体的运用过程中，农家书屋便取代了图书馆的功能。但是想要进行自上而下的优质整合，还需要将专业化的管理和服务方式进行逐步的革新，使其真正地彰显出自身的社会效用，确保有效地节约基层管理成本，改善乡镇分馆的具体情况，让村级图书馆的资源配置趋向合理，达到较为理想的目标。因此基层图书馆服务体系在具体构建的阶段，需要格外重视相关网络资源的优势整合，严格地依照“四位一体”和“多位一体”的具体原则，让图书馆服务体系能够科学地建立到位，确保文化惠民工程彰显出十足的生命力，避免出现昙花一现的尴尬局面。

（四）分类推进图书馆服务体系建设

在新型城镇化稳步发展的整体进程中，地方政府应该积极地重视基层首创精神，倡导寻找创新点和着力点，凝聚各方共识，寻找重点突破的方向，实现推广经验的有效总结，落实具体的工作。新型城镇化实施过程中，基层地区公共图书馆需要结合基本的原则要领加以分析，坚持试点先行的基本方针，满足不同县域图书馆服务体系的建设需求。

（五）建立健全服务体系建设的保障机制

基层公共图书馆服务体系的构建，应该重视强有力的保障机制，尤其是县区级政府，必须要将一体化公共图书馆服务体系的构建视为当前的第一要务，合理地推进相关的工作进程，保证更好地将实际行动纳入议事日程，成立与“国家公共文化服务体系建设协调组”对应到位的领导协调机构，从顶层设计的角度，重视科学发展思路的严格制定，同时积极地了解刚性投入机制的构建要义，依照常态化建设的具体方针，从制度层面上让图书馆服务体系的建设合理地纳入具体的规划中，使得城镇化建设和社会建设等能够有条不紊地推进。重视和地方公共图书馆服务体系相契合的政策与规划，构建起科学的投入机制和服务创新机制等，让目标细化、量化到不同部门，解决实际的问题，切实保障公共图书馆服务体系的构建进程顺利进行。

（六）发挥图书馆的主观能动性

基层公共图书馆服务体系的构建，应该积极地关注图书馆自身主动性的体现。首先，应该借助业内专家的帮助，实现“向社会、向政府大力传播现代图书馆科学发展的理念”的基本目标，逐步树立起正确的思想，努力地践行各级政府所要求的图书馆建设工作，打破“空壳”和形式主义的图书馆限制，使得相应的服务体系建设概念和意识更加明朗；其次，基层图书馆馆长应该积极地树立正确的思想，真正地将实际行动落到实处，保证将职业精神发扬光大，确保将战略思维正确地运用至基本实践中，通过科学的规划，促使相应的工作可以顺利地推进，实现阶段性的任务指标。馆长虽然是一种职位，但是也可视为一种事业，若是不具备相应的精神，将很难顺利地达成任务指标。由此，基层县区图书馆馆长需要注重职业精神的影响力；最后，面对当前的体制，基层图书馆应该做出超前的谋划，找到合理的定位，主动地获取政府以及相关部门的认可与帮助。在具体的实践中，应该结合现有的体制，合理地突破格局的限制，打造出符合图书馆事业发展规律和基本服务能力的体制机制。

总之，各主体要在稳步推进基层公共服务标准化和均等化的整体趋势中，结合以人为本的新型城镇化建设方针，通过更加科学的立法保障，促使各级政府将公共文化建设的主体价值充分地彰显出来，确保构建起可靠的维护机制，让公共图书馆服务体系被适当地纳入城镇化建设过程中，促使城乡一体、示范带动等进程严格推进，让队伍建设和专业化改造的目标顺利实现，确保文献资源及时构建到位，让服务模式得以有效地创新，实现跨越式发展的具体目标，从战略意义的层面上保证全面覆盖和均等化趋向合理，适时推动公共图书馆的基本发展进程。

第四节　基层图书馆服务体系建设的法规政策

在过去几年中，公共图书馆事业面临着巨大的发展机遇，这要归功于图书馆领域相关文化政策法规的出台。同时，伴随着数字技术和互联网技术等新媒体传播手段的兴起，公共图书馆服务工作受到了新媒体技术较大的影响。在“文化大繁荣大发展”的大背景下，公共图书馆服务体系相关的政策法规变得更为完善和细化，制定过程从过去的单一主体制定变为多个主体共同制定。

一、国家公共文化政策法规

（一）国家公共文化政策法规对基层图书馆的保障和指导意义

中央政府发布的和共同文化相关的重要文件、国家重大发展规划、国家的重要会议精神等内容共同构成了国家公共文化政策，旨在通过权威的标准化规定，明确奋斗目标，按照一定的行动原则处理需要完成的任务，使用一定的工作方式、采用一定的措施，以推动公共文化事业的发展。科技部等部门联合发布的《国家文化科技创新工程纲要》(2012 年 8 月)，以及科技部、文化部和国家文物局联合印发的《国家“十三五”文化遗产保护与公共文化服务科技创新规划》(2016 年 12 月）等；还有国家新闻出版广电总局发布的《全民阅读“十三五”时期发展规划》(2016 年 12 月）等，这些都是在公共文化领域中由政府主导制定的公共政策。中央政府主导制定的重要文件内容，不仅包括国务院下发的各文件，也包括文化和旅游部等其他部门颁布的一些文件。

我国的文化立法正在以惊人的速度向前推进，公共文化立法领域也获得了进步与发展，这将为基层公共图书馆的发展带来巨大的助益。2016 年 4 月，《中华人民共和国公共文化服务保障法（草案)》进入了全国人民代表大会常务委员会的第十次全会一审，后在2016年12月25日，经第十二届全国人民代表大会常务委员会第二十五次会议审议获得表决，正式通过了《中华人民共和国公共文化服务保障法》(以下简称《保障法》)，《保障法》于2017年3月1日起施行。我国公共文化服务法律的建设取得了较大的突破，标志着人民群众基本文化权益和需求实现了较大的跨越，从过去的行政行为跨越到法律保障的维护，这也说明了公共文化服务从过去的随机状态发展为如今的标准化管理状态。公共文化设施建设与管理过程、公共文化服务提供、保障措施以及法律责任等内容，均在《保障法》的六章六十五条中得到了详尽的规定。国家公共文化立法是运用法律的力量将义务规定为法律的责任，这一举措能够为我国基层图书馆的发展做好保障。

2017年4月19日，国务院常务会议通过了《中华人民共和国公共图书馆法(草案)》，这一草案是在《保障法》的基础上制定的。该法对国家和地方各级政府建立完善公共图书馆服务体系作出了规定。2017年11月，第十二届全国人民代表大会常务委员会第三十次会议通过了《中华人民共和国公共图书馆法》(以下简称《图书馆法》)，《图书馆法》自2018年1月1日起开始实行。《图书馆法》是中国共产党第十九次全国代表大会结束后，首次颁布的文化领域的法规，同时也是公共文化领域继《中华人民共和国公共文化服务保障法》之后的另外一部重要的法律，这一法律的出台不仅能够起到完善我国文化法律制度的作用，还能够促进我国公共图书馆事业的发展，从而起到保障我国人民基本文化权益的作用。

基层图书馆在遵守国家公共文化政策法规的前提下，能够获得必要的保障和指导，以确保其正常运营。

1. 提高文化软实力，图书馆是重要组成部分

中国共产党第十七届中央委员会第六次全体会议将文化领域的发展作为主题，审议通过了《中共中央关于深化文化体制改革、推动社会主义文化大发展大繁荣若干重大问题的决定》(以下简称《决定》)，这一文件是对已有文化政策和内容的解释。《决定》论述了在新的经济发展背景下深入推进文化改革的影响，尤其强调了提升文化软实力的作用，并从国家发展的层面宣传并推动了国家文化软实力的综合发展，这标志着我国文化产业将迎来一个新的历史起点和更高要求。2017年10月，党的十九大提出，应该坚定文化发展的道路，推动社会主义文化的发展，只有实现了文化自信，中华民族才能够迎来更多的发展机遇。没有

广大人民群众精神上的富足和幸福安康，没有全国各族人民的共同团结奋斗，就不能够实现现代化的发展。我们必须坚定不移地走中国特色社会主义文化发展之路，激发全民族在文化创新和创造方面的活力，以建设社会主义文化强国为目标。从中国共产党第十七次全国代表大会提出的文化大发展大繁荣，到中国共产党第十八次全国代表大会明确“建设文化强国”的目标，再到中国共产党第十九次全国代表大会强调“坚定文化自信”，文化领域的发展也为整个国家和社会的发展起到了非常重要的促进作用。

2. 保障人民基本文化权益，图书馆是重要基础设施

党的十七届六中全会提出，“加强公共文化服务是实现人民基本文化权益的主要途径。要以公共财政为支撑，以公益性文化单位为骨干，以全体人民为服务对象，以保障人民群众看电视、听广播、读书看报、进行公共文化鉴赏、参与公共文化活动等基本文化权益为主要内容，完善覆盖城乡、结构合理、功能健全、实用高效的公共文化服务体系。”“把主要公共文化产品和服务项目、公益性文化活动纳入公共财政经常性支出预算。采取政府采购、项目补贴、定向资助、贷款贴息、税收减免等政策措施鼓励各类文化企业参与公共文化服务。鼓励国家投资、资助或拥有版权的文化产品无偿用于公共文化服务。”公共图书馆在公共文化服务体系中扮演着至关重要的角色，《决定》明确了其总体的建设目标——覆盖城乡、结构合理，这一目标的实现能够在很大程度上促进公共服务体系的发展。

3. 建设公共文化服务体系和公共图书馆是政府的主要责任

《关于加快构建现代公共文化服务体系的意见》（以下简称《意见》）由中共中央办公厅和国务院办公厅联合印发。各地区各部门要在具体的文化实践过程中践行《意见》的内容，以加速构建现代公共文化服务体系。在《意见》中提到，我国公共文化服务体系的建设过程应当以政府的主导过程作为核心内容，同时积极推进政府职能的转型升级。同时指出，要把提高公共服务水平作为重点任务来抓，突出强调了政府责任，另外，还需要在加强政府管理的同时，做好不同级政府的保障作用。《意见》提出了6个方面的目标要求，包括协调促进公共文化服务均衡发展、提升公共文化服务发展前景、完善公共文化产品和服务供给能力、推动公共文化服务与科技的协调发展、完善公共文化管理体制和运行机制、加大公共文化服务保障力度，并相应地提出了发展的具体措施，以加快建设现代公共

文化服务体系。在《意见》后所附的《国家基本公共文化服务指导标准（2015—2020年)》中，提出了文化领域的基本保障要求，从而保证了国家基本共同文化服务的具体内容、硬件的配置和人员的具体配备。

政府在《保障法》中被赋予了公共文化服务的主体职能，这标志着政府职能首次在法律层面得到了保证。在当前形势下，如何保障公共文化服务成为一个重要问题。《保障法》从法律层面出发，将政府的责任进行了进一步的完善，将“公共文化服务”的内涵界定为“由政府主导、社会力量参与，以满足公民基本文化需求为主要目的而提供的公共文化设施、文化产品、文化活动以及其他相关服务”。这一定义在立法上实现了对我国传统公共文化管理理论的突破，使我国公共文化管理体制发生了深刻变革，具有重要意义。《保障法》规定：“县级以上人民政府应当将公共文化服务纳入本级国民经济和社会发展规划，按照公益性、基本性、均等性、便利性的要求，加强公共文化设施建设，完善公共文化服务体系，提高公共文化服务效能。”“省、自治区、直辖市人民政府根据国家基本公共文化服务指导标准，结合当地实际需求、财政能力和文化特色，制定并调整本行政区域的基本公共文化服务实施标准。”“地方各级人民政府应当加强对公共文化服务的统筹协调，推动实现共建共享。”还有许多详细的规定可见《保障法》的具体内容，政府承担的职责范围将会成为法律规定的一部分。

近年来，公共图书馆服务体系的发展主要受到公共文化服务政策体系的影响。在后续的发展过程中，文化部门和相关部门都应坚持这一主要核心思想，并为图书馆的发展带来机遇。

（二）基层公共文化的相关政策法规

基层公共文化服务设施的建设是国家高度重视的建设领域之一。《中共中央关于深化文化体制改革、推动社会主义文化大发展大繁荣若干重大问题的决定》提出明确要求，统筹规划和建设基层公共文化服务设施，坚持项目建设和运行管理并重，实现资源整合、共建共享。加强社区公共文化设施建设，把社区文化中心建设纳入城乡规划和设计，拓展投资渠道。

1. 农村公共文化政策法规

农村公共文化资源的融合与整理备受国家相关部门的重视，因此乡镇综合文化站和基层综合性文化服务中心的完善成了文化领域发展的重中之重。在此背景下，“农民工”成为社会关注的热点之一，他们在享受城市文明带来的便利生活的同时也面临着许多问题。2017 年 3 月施行的《保障法》强调：“地方各级人民政府应当根据当地实际情况，在人员流动量较大的公共场所、务工人员较为集中的区域以及留守妇女儿童较为集中的农村地区，配备必要的设施，采取多种形式，提供便利可及的公共文化服务。”

《“十一五”全国乡镇综合文化站建设规划》作为政策指引，引领着我国的乡镇综合文化部建设，这一政策规定了综合文化部的八项基本职能，包括宣传功能；提供影像资料的基本放映功能；开展信息技术方面的培训和学习活动；组织各种不同类型的讲座；开展图书的搜集和借阅活动，开展民间文化遗产的整理和搜集活动；开展文物的保护和宣传活动；协助当地文化市场的管理活动。

在中共十八届三中全会中，国家提出了“建设综合性文化服务中心”的文化发展任务，其中包括对基层公共文化资源进行更深层次的融合处理，从人员保障、资源分配、经费机制、组织体系等多个方面形成各种优势和合力，从而满足相关群众的需要，并建立综合程度较高的基层文化服务中心，从而构建起多方位的文化服务机制。国务院办公厅《关于推进基层综合性文化服务中心建设的指导意见》提出，以基层综合性文化服务中心为依托，推动文化信息资源共建共享，提供数字图书馆、数字文化馆和数字博物馆等公共数字文化服务；推进广播电视户户通，提供应急广播、广播电视器材设备维修、农村数字电影放映等服务；推进县域内公共图书资源共建共享和一体化服务，加强村（社区）及薄弱区域的公共图书借阅服务，整合农家书屋资源，设立公共图书馆服务体系基层服务点，纳入基层综合性文化服务中心管理和使用；建设基层体育健身工程，组织群众开展体育健身活动等。同时，加强文化体育设施的综合管理和利用，提高使用效益。

2017 年 3 月，《保障法》开始实施，并将“乡镇（街道）和村（社区）基层综合性文化服务中心”的建设纳入公共设施的建设范围，强调：“基层综合性文化服务中心应当加强资源整合，建立完善公共文化服务网络，充分发挥统筹服务功能，为公众提供书报阅读、影视观赏、戏曲表演、普法教育、艺术普及、科学普及、广播播送、互联网上网和群众性文化体育活动等公共文化服务，并根据其功能特点，因地制宜提供其他公共服务。”2018 年 1 月开始实行的《图书馆法》，将乡镇综合服务的建设和基层图书馆的建设结合在一起，强调："地方人民政府应当充分利用乡镇（街道）和村（社区）的综合服务设施设立图书室，服务城乡居民"，进一步明确了将基层公共文化设施纳入公共图书馆服务体系的发展目标之中，这一发展举措以《保障法》为基础。

2. 贫困地区公共文化政策法规

在经济发展较为落后的地区，基层文化和图书馆的建设备受国家重视。文化部《关于贯彻落实〈关于加快构建现代公共文化服务体系的意见〉的通知》中指出，加快推进贫困地区公共文化建设是促进公共文化服务标准化、均等化的重要突破口，并要求各地要根据《意见》精神，深入分析本地贫困地区公共文化建设面临的实际问题，策划实施贫困地区公共文化服务的规划和项目。为进一步做好贫困地区公共文化建设工作，中央决定在全国范围内启动新一轮农村综合改革试点工作。《"十三五"时期贫困地区公共文化服务体系建设规划纲要》由国家层级的七部委联合印发，提出了一系列具体任务，包括国务院扶贫办、体育总局、国家新闻出版广电总局、国家民委、财政部、国家发展改革委、文化部，各部门都设立了专栏，项目策划数量达到 8 个，项目涵盖了多个领域，成为推动贫困地区公共文化建设主要任务落实的具体抓手。2017 年 3 月开始施行的《保障法》强调，"国家扶助革命老区、民族地区、边疆地区、贫困地区的公共文化服务，促进公共文化服务均衡协调发展"。2018 年 1 月开始施行的《图书馆法》进一步强调，"国家扶持革命老区、民族地区、边疆地区和贫困地区公共图书馆事业的发展"。

二、地方文化政策法规

在制定地方文化政策法规时，我们必须始终以国家政策法规的基本方向为指引，并根据当地的具体情况规划并制定。地方发展规划、地方性法规以及地方政府颁布的各类文件，都是地方文化政策的一部分内容。

（一）地方贯彻中共中央办公厅、国务院办公厅文件的实施意见

从 2015 年《关于加快构建现代公共文化服务体系的意见》正式颁布至 2017 年，所有省份都颁布了相应的实施意见，以推进现代公共文化服务体系的建设。一些地区在贯彻落实《意见》时，也都根据自己的情况出台了相应的实施内容。

一些城市被国家认定为公共文化服务体系示范区创建城市，从这些地方的执行情况来看，基本实现了政策目标，但在具体落实上仍有不少问题需要进一步解决。在“十二五”期间，地方政府陆续发布了一系列促进《意见》落实的文件，如表1-4-1所示。

表 1-4-1　部分地区面向“十三五”的基层公共文化服务重要政策

地区	政策	有关基层的内容和特点
北京	《北京市人民政府关于进一步加强基层公共文化建设的意见》《首都公共文化服务示范区创建方案》《北京市基层公共文化设施建设标准（试行）》《北京市基层公共文化设施服务规范》(2015年5月)	将基层建设作为北京全市公共文化服务体系建设的核心要素；确立起基层公共文化设施作为综合性文化服务中心的核心地位，以提供全方位的文化服务；以群众需求为主线设计布局。基于城乡区域特点和常住人口数量的基本特点，明确了设施面积指标，将公共文化服务的理念制度化，从而为北京文化圈层的建设奠定了坚实的基础
天津	《关于加快构建现代公共文化服务体系的实施意见》(2015年7月)	在“参加文体活动”项目中，作出了每个乡镇（街道）综合文化站每年组织最低次数的规定；在“开展公众教育”项目中，规定了基层公共图书馆公益性讲座活动的最低数量
上海	《上海市贯彻〈关于加快构建现代公共文化服务体系的意见〉的实施意见》(2015年8月)	提出文化建设重点向人口集聚的区域进行转移，市级的财政转移支付力度也应该向文化建设发展不够充分的地区转移
广东	《中共广东省委办公厅、广东省人民政府办公厅〈关于加快构建现代公共文化服务体系的实施意见〉》《广东省基本公共文化服务实施标准（2015—2020年）》(2015年7月)	将“广东公共文化云”的建设作为发展的重点，将公共数字文化一站式服务作为发展的重点；完善广东省文化志愿者队伍的建设，并开展针对基层的文化志愿内容；将社会力量作为公共文化体系建设的重要部分，共同促进公共文化的发展；将公共文化服务体系的供需关系达到协调的水平，开展新型的服务，如群众点单式等
吉林	《关于加快构建全省现代公共文化服务体系的实施意见》(2015年9月)	将推动资源配置和设施的发展作为工作导向，将农村文化惠民项目建设作为发展机遇，缩小城乡二元制中存在的公共文化差距，弥补城乡在队伍建设、产品质量等方面的不足
黑龙江	《关于加快构建现代公共文化服务体系的实施意见》(2015年10月)	在推动农村城镇化的进程中，要将公共文化的资源统筹作为发展的重点，扩充提供主体的范围，实现服务内容的多样化，提高具体的服务效果；在促进落后地区的发展方面，要将发展的中心放在基层领域，着重做好文化领域的扶贫工作，落实城乡的帮扶机制，消灭农村在公共服务方面的“最后一公里”

续表

地区	政策	有关基层的内容和特点
云南	《关于加快构建现代公共文化服务体系的实施意见》	制定公共文化服务体系建设的发展规划纲要，以符合国家和省级扶贫开发攻坚战略，促进偏远地区的文化事业发展
四川	《关于加快构建现代公共文化服务体系的实施意见》（2015 年10 月）	县级图书馆发展指标、公共文化设施建设指标、送演出（戏曲）下乡场次、打造免费开放服务品牌、加强基层文化队伍建设加强公共数字文化服务、保障特殊群体基本文化权益和落实公共文化服务经费投入，这些都是公共文化服务体系“八个重点”所涵盖的方面
甘肃	《关于加快构建现代公共文化服务体系的实施意见》（2015 年8 月）	进行分层次的管理模式，将县一级的图书馆作为总馆，下设文化站为分馆，基层服务点以村（社区）综合文化服务中心为主体，只有构建起了新型的运行模式，才能够促进县域范围的文化一体化发展
广西	《关于加快构建现代公共文化服务体系的实施意见》2015 年9 月）	在一些特殊地区，如革命老区、边远地区、民族地区、贫困地区等，应该加大对这些地区的扶持力度，实施一大批相关的公共文化服务项目

为贯彻落实国务院办公厅《关于推进基层综合性文化服务中心建设的指导意见》的精神，个别地区的政府部门已经制定了一系列符合文化服务中心的建设方案。这些方案从实际出发，因地制宜地提出了不同类型的服务模式和内容，并在具体实施过程中取得了很好的成效。此外，一些地方政府还颁布了具有针对性的发展方案，从而促进了基层乡镇文化站和农家书屋的建设，推动了基层图书馆的发展。

（二）地方文化立法

近年来，一些城市的政府部门在规范立法方面起到了重要的引领作用，规范立法的具体措施为基层图书馆的建设提出了更为详尽的内容要求。这些基层特性较为明显的文化立法内容更侧重于公共文化服务的建设，强调经费的充足，条例规定，社区公共文化设施建设经费、运行经费和社区公共文化活动经费纳入区县、乡镇人民政府财政预算予以保障，市级财政给予适当补贴。区县、乡镇人民政府应当按照建设规模、服务项目、服务人口确定每年对社区文化活动中心的财政投入数量，并不断加大对社区公共文化服务的经费投入。”对于社区文化活动中心的建设，条例规定，各街道和乡、镇的行政区域内应当设置一个社区文化活动中心；常住人口超过十万人的，可以根据实际情况增设分中心。各居（村）民委员会所辖区域内应当设置一个居（村）民综合文化活动室；常住人口超过五千人的行政村，可以根据实际情况设置两个以上综合文化活动室。社区文化活动中心的基本配置应当符合本市有关规定，由市和区、县文化行政部门按照规定进行监督检查。这就明确了社区文化活动场所应该是由政府投入建设、由社会提供服务的场所。条例中还有许多更为详细的内容，如社区公共文化设施的开放时间、累计开放时间的最低要求，以及社区文化活动中心开放面积的最低要求。

三、图书馆行业相关文件

随着国家和地方政府在文化政策制定方面的不断完善，图书馆行业内的相关要求也在不断细化。随着互联网技术的发展和普及，网络环境下的各种信息传播模式逐渐形成并影响到社会生活的各个方面，也给我国公共图书馆事业带来了发展的机遇，免费服务政策也就应运而生了。随着免费服务政策的推出，图书馆行业内部掀起了一场关于如何开展免费服务的激烈讨论，各馆纷纷推行了馆内的免费服务内容，全面调整了图书馆服务的收费结构，积极推进公共图书馆服务体系的建设。

文化政策在制定和完善的过程中，十分重视公共图书馆的发展方向，多类型的文化政策都对公共图书馆的工作作出了明确规定，其中包括免费服务、公益服务和普遍均等的服务网络等主题，这些政策为公共图书馆的网络建设提供了有力的后续支撑，并形成了相关的管理和发展目标。

第二章　基层公共图书馆建设的基础依据

本章的主要内容为基层公共图书馆建设的基础依据，具体论述了城镇化及文化发展、公共物品供需平衡、公共文化的建设发展、国家政策的支持。

第一节　城镇化及文化发展

文化是人类生活的反映、活动的记录、历史的积淀，是人们对生活的需要和要求、理想和愿望，是人类的精神得以承托的框架[①]。作为一个国家或地区经济、政治等多个方面综合作用的最终产物，城市文化不仅是人类文化、社会文明的重要支柱与标志，更是城市持续健康发展以及存在的不可或缺的基石。本书认为城市文化可分为广义和狭义两大类，即广义的城市文化与狭义的城市文化，其中前者的概念是由城市各个要素之间错综复杂的相互作用所构成的综合体，基本涵盖了所有城市居民的生产和生活方式；后者指城市居民在物质生活资料消费中所体现出的价值取向，即价值观、审美观和行为模式，是一种精神意识形态，它指导着城市居民的生产和生活，涵盖了教育、科技等多种精神理念和产品。城市化与城市文化之间有着密不可分的联系，二者相互影响又相互制约。城镇化的推进和城镇文化的形成与发展之间不可避免地产生了相互促进的效应，因此研究城市化进程与城市文化发展之间的关系具有重要意义。城市化实际上一方面是城乡人口结构的逐渐演变过程，另一方面也是人们传统的生活、行为以及生产方式，逐渐向现代转型的最终结果，这是由于产业结构和空间分布结构的转变所引发的。随着经济发展、社会进步和人民物质生活水平的提高，人与人之间的交往越来越密切，人类对自身的认识也不断深化，从而使整个社会意识发生了深刻变化，这就是所谓的“现代化”现象。通常情况下，人们说的“公共文化”是从一种狭隘的

① 高占祥，王青青．信仰力[M]．北京：北京大学出版社，2012．

视角来定义的“文化”概念。从广义上看，公共文化既指与政治有关的各种活动，也包含经济、教育、科技、卫生、体育等诸多领域，如电影、电视、广播等。公共文化在城市化进程中扮演着至关重要的角色，因此国家高度重视公共文化服务体系的构建。公共文化服务作为一种新的理念已经被越来越多的人接受，逐渐成为社会发展进步不可缺少的力量。公共文化服务体系建设的成效在很大程度上体现在基层公共图书馆这一不可或缺的重要组成部分上，因此加强对基层公共图书馆体系的研究与探索具有十分重要的意义。在推进和实施城镇化建设战略的过程中，我国政府在不断加强公共文化服务体系建设的同时，也在努力健全基层公共图书馆的服务体系，以提升其整体水平，从而达到前所未有的巅峰。

一、城镇化催生城镇文化

“集”“集镇”“城镇”和“城”皆为社会分工稳定后，产业水平达到一定程度的必然产物。“城市”是一个国家或地区政治、经济、科学、教育、艺术等多方面综合作用的结果，是由“镇”进一步演化来的产物，它将防御工事的“城”与商品交易的“市”融合在一起，所以有“因城而市”和“因市而城”。前者是以筑城以抵御强敌的入侵为目标，逐渐发展为城市；后者是随着商品交易市场的不断扩大，随着时间的推移最终成为城市。城市实际上是一个大型聚落，不仅包括商业区，还包括工业区和居住区，与此同时还具有一定的行政管辖职能；镇主要集中在城镇周围地带，具有商业职能或经济中心的特征，作为一种过渡型居民点，镇位于城市和农村居民点之间，通常指的是非农业人口规模达到一定程度，但未达到设市条件的建制镇；集镇在农村地区是一种过渡型居民点，它是由集市演变而来的，位于城市和农村之间，通常被称为农产品集散与服务中心，不属于建制镇的管辖范围。在人类文明史上，城镇经历了一个漫长曲折的发展过程，随着人类文明和社会进步的不断推进，城镇作为人类文明的重要组成部分，也在不断发展壮大。

城市的兴起催生了城市文化的繁荣，城市文化的深厚积淀则为城市的发展提供了强有力的推动作用。在我国古代社会中，“城镇”作为一种特殊形态出现于春秋战国时期，其主要功能在于军事、政治和商业等方面。城市的形成是物质文明和精神文明相互交融的产物，一旦缺乏物质基础就无法实现城市的发展，同时缺乏文化支撑的城市也难以实现长期稳定的发展。改革开放以来，我国城镇化进程明显加快，然而随着时代的变迁，人们对信息的渴求日益强烈，由此带来了一系列新的挑战和难题，这促使我们必须重视图书馆建设和利用，以满足人民群众日益增长的精神文化需求。随着城镇化的不断推进，城镇文化的蓬勃发展必然会带动图书馆事业的蓬勃发展和不断进步。例如，随着深圳从一个小城镇快速崛起成为一个现代化大都市，所孕育的朝阳文化呈现出创新求异、兼收并蓄的特质，这些先进文化对社会经济和人们生活方式都产生了深刻的影响，也给图书馆带来了新的机遇与挑战。深圳的工业化、现代化和国际化进程得到了加速，主要归功于新型的城镇文化，因为它不仅具有开放性和包容性，还不断地追求创新。随着人类文明的不断演进，图书馆作为发展的产物，具有多方面的功能，如开发智力资源、保存人类文化遗产等，它以独特的价值和作用，成为人们了解历史、学习知识、增长智慧、陶冶情操的重要场所，也是推动经济社会持续快速协调健康发展的一支生力军。城市的记忆和文明在人类城镇的发展历程中扎根，随着城镇的不断壮大，它也在不断地蓬勃发展。图书馆是一个国家或地区文化建设中最活跃、最具活力和生命力的领域之一。毫无疑问，城市和图书馆早已通过紧密的“文化”相互连接，为社会的演进和发展谱写了一曲永不褪色的颂歌。

城市作为人类文明的重要组成部分，是社会进步的必然结果。城镇是社会经济活动最集中和最为活跃的场所，也是一个国家或地区文明程度高低的重要标志之一。随着城镇的兴起和蓬勃发展，图书馆经历了由无到有、由小到大、由弱到强的蜕变历程。今天的城市已经成为人类知识和文明传承的基地和中心。约一万年前，中东地区诞生了世界上最早的城市，包括巴比伦城、大马士革等历史悠久的城市，这些古城中保存下来的古代文化遗物表明，当时人们已经拥有相当发达的物质文明和精神文明。根据早期的文字记载，夏朝时期，我国已经兴建了城池，殷墟出土的甲骨卜辞中也记载着商代已出现“城郭”这一建筑形式。根据考古发掘出的遗址，可以确认我国最早的城市位于郑州市中心和北关一带的商城，至今已有 3 500 年的历史。随着社会发展，人类对的自然认识逐渐深入，人们开始意识到人不仅是环境的主人，同时也是文化的创造者。黄河流域、幼发拉底河和底格里斯河的两河流域、印度河流域以及尼罗河流域，是世界上最早的城市地带。图书馆的萌芽始于城市文明的孕育，古代的图书馆最初主要聚集在这些城市的周边地区。我国是文明古国之一，早在四千多年前就有文字记载，但当时没有专门的公共藏书楼，也没有形成独立的文化体系。约公元前3000年左右，两河流域就诞生了有史以来最早的图书馆。在我国的夏朝时期，王室的宗庙被建立起来，并且还设置了专门的宗庙，其中珍藏着大量的文献资料。殷商时期，出现了专门管理书籍收藏与借阅事务的机构——藏书楼。皇室或王室所珍藏的典籍，成为官方设立“图书馆”的典范。

在农业社会时期，人口相对密集的区域逐渐演变为城镇，然而由于社会生产力水平过于低下，城镇的数量和规模都相对有限。随着商品经济的蓬勃发展以及科学技术的日新月异，人们逐渐提高了对图书文献收藏的重视程度，进而产生了“书斋”这一新型的居住形式。随着商品经济和科学技术的发展，近代以来西方资本主义国家先后建立起现代意义上的公共图书馆学会，从而使公共图书馆获得新生，成为新型文明形态下重要的信息交流场所和文化教育机构。在工业社会时期，城镇的商品交易十分频繁，因此需要一批具备知识和技能的产业工人，从而促使公共图书馆在文艺复兴运动、资产阶级思想启蒙运动以及英国工业革命中迅速崛起，为欧洲城市的全面发展开辟了一条光辉之路。欧美城镇的进一步发展推动了公共图书馆向社会开放，一方面承担着传统的文化保存职责，另一方面还肩负着新兴的社会教育职能。

在知识经济时代，随着城镇化的蓬勃发展，城市文化因其所蕴含的“知识”元素，也呈现出蓬勃发展的态势，同时还呈现出数字化和网络化的知识型文化。知识已成为社会发展中最为重要的战略资源，它已经取代了土地、资本等传统生产要素，逐渐成为推动社会进步的关键力量。随着高新技术产业的蓬勃发展，知识劳动者的比例持续攀升，知识与技术对经济增长的贡献也在不断扩大。知识经济已经开始进入一个新的阶段——以智力资源为主的知识经济阶段。在此时期，信息的爆炸式增长和更新时效的加快，导致知识量呈现出指数级的增长趋势。同时，随着信息技术与网络技术应用范围的不断扩大以及互联网普及率的提高，以知识为基础的知识经济时代悄然来临。在知识社会中，显著且最基本的特征是知识创新在社会经济增长中占据重要的主导地位，大部分劳动人员从事的是服务业，而非农业或制造业。这一时期，科学技术迅速转化为生产力，人类进入知识经济时代。此刻，城市已经获得了巨大的发展，城市人口数量已经远超农村的总人口规模。与此同时，随着科技革命和信息技术的发展，人类进入了一个以信息化为标志的知识经济时代。随着人们的文化需求日益多元化和人性化，现代图书馆正面临着向数字化图书馆转型的重大挑战。

多个国家将文化视为综合国力中非常关键的“软实力”，文化竞争力主要指的是在推动社会、经济以及人类发展过程当中，各种文化因素所带来的导向力、凝聚力和推动力。在漫长的历史长河中，来自不同国度、地域和民族的人们，逐渐形成了独具特色的文化，并且每个城镇在其发展过程中也孕育出了独具特色的城市文化。从某种意义上说，没有城市就不可能有今天的文明进步。在人类漫长的进化历程中，创造出了文字和城市两种重要的工具，作为人类文明的重要载体，承载着人类物质文明进步的历程。人类通过对这两大工具的灵活运用，逐步提升自身素养，孕育出了无穷无尽的物质与精神文化，从而促使人类社会实现了一次跨越式的飞跃和提升，最终达到了前所未有的高度。物质与精神文化是城市文化繁荣发展的不可或缺的重要元素，两者相互渗透、相互激发，共同谱写了城市文化的壮丽篇章。

二、城镇化需要城镇文化

众所周知，城镇化作为国家“新四化”发展战略的组成部分之一，与工业化、信息化、农业现代化并列，为推动经济增长提供了重要的动力。我国在此大背景之下将以更加强有力的措施，推动和促进新型城镇化的进程，加速城乡融合的发展步伐。与此同时，作为城市建设与管理的主体之一——政府，应该更好地发挥其职能，为新型城镇化建设提供强有力保障。中国乡村社会现代化的必经之路在于推进城镇化进程，其中公共文化服务体系的建设也是必不可少的一环。城镇化的深度和广度取决于文化的跟进程度，缺乏公共文化服务的城镇化则是一种不健康、不全面的社会转型，没有文化引领的城镇化也只是一种形式上的城镇化，只有借助不同的方式持续推动和促进文化的相互交融，才可以真正完成我国城镇化的社会发展战略目标。从历史和现实来看，文化在城镇化进程中扮演着十分关键的角色，城市的不断发展和竞争力的提升，都离不开文化这一元素。文化产业作为现代服务业中最具活力和潜力的新兴业态，具有强大的生命力。文化产业应成为国民经济的支柱产业，提升其综合实力，有助于进一步扩大国家的影响力，同时提升竞争力与软实力，从而增强其在国际舞台上的地位和影响力。

城镇化缺乏文化内涵，导致其基础不够坚实，没有文化支撑的城市就不是真正意义上的现代城市。一座缺乏文化底蕴的城市，注定会失去其灵魂，一座缺乏图书馆的城市，则注定会失去其完整性。城市的繁荣与发达离不开人的全面自由发展和精神生活的丰富提高，更需要文化的滋养。图书馆作为城市文化发展战略中不可或缺的组成部分，同时也是公共文化服务体系中的不可或缺的关键一环，发挥着重要的作用。作为为社会大众提供文献信息服务与活动的场所之一，城市图书馆为城市文化建设和知识传播提供了重要的平台，它不仅有助于保存城市历史和传播城市文化，同时也能够提升城市的综合竞争力，对于城市现代化建设和发展，均有不可忽略的重要推动和促进作用。随着经济全球化的发展，目前我国在经济转型的关键时期，要想使国家和地区实现可持续发展就必须加快城市化进程，城市化进程又离不开图书馆事业的支撑。图书馆的重要核心价值在于快速提升国民的综合素养，而非仅为GDP做出贡献，在未来的社会进程中，图书馆这一因素将扮演着无法估量的重要角色。

图书馆在城镇化进程中扮演着文化支撑的角色，城镇化则为其发展提供了必要的条件。推进城镇化的重要使命在于逐步实现农业转移人口向城镇人口的转变，以提高对包括农民工在内的所有城镇居民的公共服务水平。图书馆作为城市中最有价值的机构之一，在这一进程中发挥着不可替代的作用。图书馆作为文献的汇聚之所，被誉为“知识的殿堂”“没有围墙的大学”等，其地位不可撼动。公共图书馆具有公益性和服务性两大职能，公共图书馆的服务理念是将公益、开放和平等作为基本原则，无论种族、年龄如何，都向所有人提供服务。公共图书馆以其独特的优势成为城市中最有吸引力的教育机构之一，它将知识转化为生产力并使之增值，从而创造出巨大的经济价值和社会效益。读者在被誉为“社会全能大学”的图书馆当中，享有自主选择学习时间、内容、形式和目标的权利，能够尽情享受自我完善与自主选择的学习乐趣。作为一处理想的场所，图书馆为民众提供了终身学习的机会，同时也成为推动居民向市民转型的一个至关重要的场所。

我国的城市化进程在经济高速发展的推动下，已经进入了一个加速的阶段。城市的灵魂在于孕育的文化，因此城市文化是提升城市化品质的重要因素之一。

城市的竞争力取决于自身的文化软实力，城市的核心竞争力则来自城市所具有的丰富文化资源和独特文化内涵。一座缺乏文化底蕴的城市，必然缺乏可持续发展的智慧。因此，加强城市公共文化服务建设，提升其品位和水平已成为当前各级政府及社会各界共同关注的热点。作为城市公益性文化服务体系的一部分，图书馆在城市文化培育中扮演着独特的角色，为城市文化的繁荣发展提供了重要的支持。随着经济、社会、科技的迅猛发展和城市化进程的加快，我国的图书馆事业进入快速发展期，取得了显著成就，图书馆为城市文化提供了精神支持和智力支撑，具有传播知识信息、保存文化遗产等多方面功能，不仅能满足人们日益增长的物质需要，还可以丰富人们的精神生活。我国图书馆事业长期以来因国民观念的滞后和认知误区，未能获得应有的关注和重视。在清末民国时期，图书馆事业的发展受到了严重的制约和限制，即便是在中华人民共和国成立以后，意识形态的不断干扰也对图书馆事业的建设造成了严重的影响，1978 年改革开放之后，虽然将以经济建设为中心与建立社会主义市场经济作为口号，但是图书馆事业的发展仍未得到足够的关注和重视，现在社会上出现的一些问题，都直接或间接地对图书馆事业产生了消极影响。事实上，图书馆是人类知识宝库、信息资源集散地和社会教育机构，是国家文明程度的重要标志之一。若忽视对图书馆事业的建设，必将导致城市文化水平滞后。因此，尽管我国近年来在经济建设方面取得了惊人的成就，城镇化发展也取得了显著的成果，但是在精神文明建设方面，国民素质并未得到根本性的提升。近年来，随着城镇化进程加快，人们开始反思过去几十年来城市快速扩张给自身带来的各种负面效应，对环境造成的污染及资源浪费等问题越来越受到重视。

1978 年改革开放以来，尽管我国通过不同的方式推动和促进乡镇企业的发展，带领城镇化建设进一步走向高潮，然而由于太过追求经济发展的速度，除了出现城市文化畸形的现象，还出现了图书馆事业滞后的局面，对城镇化的发展产生了一系列的不良影响。近年来，我国城市建设虽然取得了不错的成效，但是城镇居民数量急剧攀升，广大市民的综合素养仍有待提高。城市化的本质在于人口的增长，更在于人的社会结构的演变，具体而言就是“人口城市化”的同时也要实现“人的城市化”。“新市民”作为全新的社会阶层和社会角色，具有不同于其他社会阶层或人群的独特特点。随着城镇化的推进，新市民的生活方式、行为方式等方面已经发生了很大的变化，他们不可避免地面临着各种问题、挑战和矛盾，因此要实现新型城镇化进程中人的全面发展，首先必须解决他们所面临的问题、挑战和矛盾，尤其要关注其精神层面的需求与满足，唯有紧跟社会文化的发展步伐，才可以真正实现城镇化进程，推动人的全方位成长，促进其全面发展。文化实际上对人的影响是多维度、多侧面的，要想使其成为推动城镇化建设和经济社会快速发展的重要力量，必须重视和发挥文化作用。文化是持续积淀的过程，只有通过不断的努力和积累，才能最终实现其价值和意义的最大化。在当前阶段，加快推进城镇化建设，必须大力推动社会主义核心价值体系融入经济社会发展全过程。推进新型城镇化的关键在于逐步实现农民工向城市市民的转变，同时逐步把农村居民转化为城镇居民，这是必须积极努力的方向，更是促进经济转型升级、新型城镇化以及推动城乡一体化进程的必然要求。通过教育培训和职业技能提高等途径提升新市民的素质，使其尽快从农民转变为城市居民，只有在城市文化逐渐深入人心的过程中，新市民才能够真正地融入城市的生活。如今，我国社会正在经历一场深刻的转型，各种复杂的矛盾交织在一起，形成了一个错综复杂的局面，新市民群体面临着身份转换、心理调适和思想碰撞等一系列问题。图书馆作为文化交流平台，为新市民提供了一种消除“文化冲突不适症”的有效途径，同时也是其适应城市文化需求的精神场所。

在推进城镇化的过程当中，必须高度重视对公共文化服务网络的构建和完善，积极传播知识和文明，通过不同的方式努力提升人民群众的文化素养和品位，塑造现代公民的品格，以便为全面快速推进城镇化进程，最大限度地提供强有力的文化支撑，从而确保其可持续健康发展，以先进文化引领社会进步。改革开放以来，我国经济快速发展，各地区之间、城乡之间出现越来越多的交流与互动。以深圳为例，这座年轻城市的城镇建设催生了一种高品质的图书馆文化，为人们提供了丰富的阅读体验，它以崭新的姿态融入社会生活，成为推动经济社会发展的一支生力军。深圳图书馆历经多年的努力，无论是办馆效益还是服务质量，均得到持续的有效提高，实现了从小型图书馆向现代化大型图书馆的成功转型，实现了从传统图书馆向数字化复合型图书馆的跨越式发展。在这一过程中，图书馆积极适应社会发展要求，努力建设成一个具有鲜明特色和较强竞争力的现代型、学习型、服务型图书馆。深圳图书馆以卓越的文化价值和现代化的品位，为深圳的文化事业注入了新的活力。在构建公共文化服务体系的过程中，公共图书馆扮演着至关重要的角色，特别是在公共文化服务领域。随着城市化进程的加快，市民对阅读的需求日益增加，作为进一步满足人民群众精神文化需求的一个重要场所，图书馆扮演着不可或缺的角色。作为一所为城市居民提供终身学习机会的“社会大学”，图书馆为人们提供了获取社会角色所需知识和能力的平台，从而推动人们快速适应城市生活的一系列变化和变革。城市化的进程一方面是物质经济的现代化，另一方面也是社会文明水平持续提升和发展的必然结果。因此，城镇化进程必然伴随着文化现代化的发展和进步，并最终成为一种新型城市化模式。唯有在物质经济现代化的基础上，才能实现文化现代化的全面推进，否则现代化就无法达到全面的目标。

三、城镇化助长城镇文化

随着西方近代城市蓬勃兴起，出现了公共图书馆产业，公共图书馆产业在近现代的发展中逐渐形成并蓬勃发展。我国在清末民初时期经历了一场前所未有的社会变革，城市和公共图书馆的兴起也成了这一时期的必然趋势。我国公共图书馆事业的整体滞后，就某种程度来说和城镇化的快速发展构成了一种非常不协调的发展状态，和国际图联的通行标准相比存在较大的差距，同时和发达国家的公共图书馆产业发展水平相比也存在着相当大的差距。因此，在国家提出要建设社会主义新农村这一重大战略决策之后，如何加快城乡一体化进程，促进公共图书馆事业的大发展就成为一个重要且紧迫的问题。随着城市化进程的不断推进，人们对于城市文化以及基层图书馆的可持续、健康发展越来越关注和重视，并且成为未来城市发展的重要方向。

在我国“十二五”规划中，城镇化被视为一项至关重要的议题，现今我国城镇化率仍处于较低水平，且主要集中于中部及西部一些经济欠发达地区。由此，必须始终坚定不移地走中国特色的城镇化之路，经过全方位思考之后，通过制定一系列合理化和科学性的城镇化发展规划，推动和促进城镇化的有序和健康发展，借助不同的手段和方式在东部地区打造一个具有国际竞争力的城市群，在中西部合适的地区培育且壮大多个城市群，从而真正完成不同区域基本公共服务的均等化的战略目标。我国要加快转变经济发展方式，就必须着力提高城镇综合承载能力，增强可持续发展能力。为了确保城镇化建设的顺利推进，必须同时推动和促进公共文化服务体系的发展，这样才能为我国的图书馆事业的进一步发展提供重要的机会。图书馆的发展与城镇化建设相辅相成，二者相互促进，图书馆作为城市文明的重要组成部分，随着城市的不断发展得以壮大。公共图书馆作为一种公益性文化服务机构，具有为人民群众提供优质服务、传播先进文化等功能，其存在对于人类历史文明和文化信息的获取至关重要，若无其存在，这些珍贵的资源将成为一片荒芜之地。在城市化进程中，人们对城市文化的需求不断增长，但由于经济实力等原因导致公共图书馆不能满足这种日益增长的社会文化需求，因此必须大力发展图书馆事业，以提高市民素质和生活质量。为了重现城市的记忆，需要充分借助图书馆的力量；为了塑造城市的精神，也需要借助图书馆的力量。

我国政府以城镇化为前提，积极促进文化事业的发展，以实现公共文化产品以及服务的有效供给。因此，需要建立完善的公共文化服务网络，提升城市社区文化设施的质量，推动公共文化设施，如图书馆、文化馆等免费开放，进一步满足广大人民群众的多样性文化需求，为其提供更加丰富的文化体验。在新时期背景下，各地政府和有关部门应重视对地方传统文化资源的保护工作，并对其进行合理开发利用。如今，我国各地皆有其独特的历史文化底蕴和地域经济特征，所以各地应因地制宜地进行图书馆布局规划，并根据当地实际情况制定相关政策。需要注意的是，在图书馆建设过程中应始终将社会效益置于首位，缩小东西部和城乡之间图书馆发展差距，以实现我国卓越的文化资源向全国人民的共享。近年来，各地纷纷建立以总分馆制为主的图书馆体系，并取得了良好成效。以上海图书馆为例，跨越多个行业领域，覆盖了多个区县、高校，为读者提供全方位的阅读服务，与此同时每一个分馆都有专门负责本系统业务的工作人员，并拥有独立的计算机管理系统和网络通信系统，能够实现资源共享。读者可以通过开通“一卡通”，在各分馆之间便捷地使用，这一举措提升了服务的便利性。该系统通过网络和短信技术实现资源共享，读者可凭借一张通用的借书证，在任意一个图书馆内自由借阅并归还所需图书。

随着社会的不断发展，城市化已成为不可避免的趋势，更是工业化和现代化的必然结果，也是信息化的一种象征。城镇化这一战略性举措，推进了中国现代化进程，是实现中国梦的重要基石。实现城镇化既需要推进物质和经济的现代化，又需要确保公共文化服务的平等化、普及化和大众化，以满足人民群众的多元化需求。在推进城镇化过程中必须重视公共文化服务体系建设，不断提升公共文化服务的品质，从而使广大人民群众持续增长的精神渴求得到进一步的满足。除此之外，加强对基层文化工作的重视程度，不断提升公共文化服务体系建设水平和能力，使其更好地发挥出应有的作用。作为提供公共文化服务的场所之一，基层图书馆不仅为广大民众提供知识，是文化传承和创新的重要场所，更是公众信息平等的关键性保障。公共图书馆在提升城镇竞争力方面扮演着至关重要的角色，通过对公共图书馆体系的完善和优化，可以为城镇的可持续发展注入源源不断的新动力。在城市化进程日益加快的今天，公共图书馆应以积极姿态参与到新型城镇化建设中来。值得一提的是，公共图书馆在城市的竞争格局之中扮演着文化产品消费者和各类信息提供者的角色，同时也是促进文化产业集聚和为中小企业的创业发展提供商务支持服务的重要场所，其地位不可替代。公共图书馆作为信息公平的制度保障与二元文化的黏合剂，促进了城市社会各阶层人群的相互交融和共生共存，为处于劣势地位的群体提供自我提升的机会。在城市化进程中，图书馆是公共文化服务体系的核心构成要素之一，更是城镇文化建设不断推进的重要支撑，为其发展提供了必要的保障和支持。

基层公共图书馆事业将在城镇化战略的推动下得到进一步发展，这一战略将城镇化的稳妥推进和基层公共图书馆事业的全面发展有机结合在一起，用于解决我国城乡一体化进程中、基层公共图书馆事业的发展过程中，政策保障和制度建设所面临的诸多问题。站在宏观的角度看，文化是影响国民经济建设成效和城镇化发展进程的一个重要因素，不可忽视。为了推动经济的发展，政府必须积极支持图书馆的发展，使其成为社会知识积累与发展的重要平台。当前，我国各地都在进行着不同程度的城市化建设，基层图书馆作为城市公共服务体系的有机组成部分，其重要性不言而喻。在当前国家构筑全面覆盖的公共文化服务网络，推动和促进城市化进程的大背景下，对基层公共图书馆在各地区城镇化进程中的有效发展模式进行主动积极的探索，有一定的应用价值。

第二节　公共物品供需平衡

一、公共物品的基本属性

作为公共文化服务机构的组成部分之一，基层图书馆提供的公共文化资源，实际上属于公共物品或者准公共物品的具体范畴。人类所拥有的物品可分为私人所有与公共所有两大类，两者之间存在着矛盾和相互依存的关系，其中前者是私人拥有或生产的物品，使用的过程当中具有排他性与竞争性；后者是为公众所共同享有且可用于增进福利、发展社会经济的物品，具体指的是那些私人无法或不愿意生产的公共物品，主要由政府提供。个人所购买和消费的生活资料，是一种具有竞争性和排他性的私人物品，国防、警务等公共物品，属于非排他性和非竞争性的范畴。公共物品的性质决定了其非排他性，即它既不是绝对的排斥竞争也不是完全没有竞争性。所谓的公共物品的非排他性指的是因为技术条件的限制或者高昂的收费成本等诸多原因，每个人均可享受；非竞争性是人们一起消费的公共物品特性。需要注意的是，在公共物品与私人物品间还存在准公共物品，由于准公共物品所特有的属性，使得它不同于一般的私人产品或服务。在排他性和竞争性方面，私人物品、公共物品和准公共物品之间形成了一种相互依存的关系，这种关系如表 2–2–1 所示。

表 2–2–1　物品的分类

	排他性	非排他性
竞争性	私人物品（住宅、粮食等）	公共资源（不收费的拥挤的公园等）
非竞争性	俱乐部物品（收费的道路与桥梁等）	公共物品（空气、灯塔等）

纯公共物品的非竞争性体现在两个方面：一是其边际成本为零，二是其边际拥挤成本为零。前者主要指的是即便增加一名消费者，也不会给供给者带来额外的经济负担，如增加一个电视观众不会对发射成本产生任何影响。边际拥挤成本为消费者的消费不会影响其他消费者的消费质量和消费数量，如消费者的个人消费不会因为立法、国防等因素影响而减少或者增加。纯公共物品的非排他性是指不存在任何个人独占专用的情况，这种特性使得公共物品在市场交易时具有很强

的外部性，尽管某些公共物品可以通过技术手段实现排他，但实际上，排他所带来的成本是非常高昂的，远超排他带来的收益。因此，为了满足一定范围内的社会需要和公共利益，政府必须对这些产品进行供给，否则公共物品提供者将无法得到回报。拒绝或限制他人享受公共物品是一种不切实际的行为，同样，拒绝或抵制公共物品所带来的利益也是不可行的。除此之外，纯公共产品具有一定的非分割性，其消费行为在充分维护完整性的基础上，由众多消费者共同享用。纯公共产品的公共消费性质源于其非竞争性、非排他性和非分割性，因此消费者只能共享，不能排斥他人享用，这是其本质特征。政府通常提供纯公共物品，这些物品不仅包括物质产品和公共服务，还包括精神层面的内容。

一般情况下，公共物品的生产方式主要包括公共生产、私人生产以及混合生产三种，同时也存在公共提供和混合提供两种不同的供应方式。公共供水服务、城市垃圾处理和污水处理服务以及其他一些公用事业，都可以采取混合提供方式。政府的政策因素在这种供给方式中发挥了重要作用，然而消费者需要通过支付费用来获取消费权，包括但不限于水、电、煤气和医疗。政府为满足公众需求进行生产的成本，可以用货币来表示。

在市场失灵条件下，私人部门与社会资本可以合作进行公共生产，并能为公众提供服务，这就是公共经济学中所说的“公共选择”。通常情况下，未被公共生产或销售的物品具有中性属性，也就是说它们并没有被归为私人或公共物品。当个体的需求被满足的时候，购买的物品将被视为私人财产，当公共需求被满足的时候，购买的物品则将被视为公共财产。综上所述，因为基层图书馆的办馆方式多种多样，为了真正实现可持续的健康的发展，政府必须在主导与参与扶持方面将作用充分发挥出来，以更好地促进社会的稳定和繁荣发展。

二、公共物品的配置机制

为了实现公共资源的高效配置，通常会采用两种不同的方式，其中第一种是直接将支出转化为公共产品的方式，主要是通过购买性支出来实现的；第二种形式是转移性支出，除了能够用于购买公共产品，也可用于满足公共需求，但其最终结果是归个人所有的。在市场经济中，政府购买性支出或向私人提供公共服务都可以视为资源配置方式之一，并具有不同的特点和功能。一般情况下，政府所配置的公共文化资源，是通过购买性支出或转移性支出来实现的，这些资源大多属于公共财产，而非私人财产。私人物品具有一般商品所共有的性质，即价格取决于生产者和使用者双方的利益关系。私人物品具有一定的排他性和竞争性特征，具体而言就是消费主体具有独特性，同时随着消费者数量的增加，生产成本也会相应增加。私人物品也具有外部性特征，即在私人部门无法提供时，就由市场进行资源配置并产生效益。正是因为如此，想要成功分离私人物品的价值和使用价值，必须通过商品交换的方式。商品交换的结果，使得私人物品能够被市场交易并进行市场化定价，从而使私人物品的配置得以优化。因为商品交换的成功实现，私人物品得以在市场机制的灵活调节下，更好地生产和消费。当私人物品在竞争激烈的市场中达到市场平衡状态的时候，它的配置也会随之达到最优状态，以确保其在市场中的最佳表现。市场机制虽然如同一只无形的手，顺利实现了私人物品的社会配置，但是在公共物品、准公共物品的生产等多个方面却束手无策。由此，政府对公共物品的管理就成为一个难题，因为公共物品具有公共品属性和非排他特性。市场失灵的主要根源在于公共物品的非排他性和非竞争性，这两个因素共同导致了公共物品的配置问题。

在经济活动中，理性的经济人将追求自身利益作为根本动力，他们所采取的经济行为都追求以最小的代价获得最大的经济利益。由于非排他性，购买公共物品的人无法因付费而完全独占该物品所带来的全部收益或者全部效用，这意味着其他人也可以免费获得公共物品的利益。因此，随着“搭便车”现象的不断增加，私人厂商会减少或者不愿意提供公共物品，最终导致资源配置效率低下，市场失灵。在完全竞争的市场中，非排他性公共物品和私人企业之间存在着一个均衡价格。非排他性的公共物品在完全市场条件下，无法充分保证投资者可以独占收益或者效益，也无法进一步将非投资者免费获得的相同收益状况所排除，所以在其影响下经济主体大多并不会主动介入这一领域。虽然存在某些公共物品的排他性，但若以市场机制为基础对公共物品进行分配，则市场会缺乏竞争性。公共物品的价格通常取决于消费者对其质量和数量上的要求，而不是由政府制定出来的价格。在市场竞争中，公共物品的供应量一般并不会超过最优的数量，因此没有人会和他人竞争和争夺这些物品的使用权。众所周知，由于公共物品的排他性受限，市场竞争力受到一定的限制，最终使得市场无法将作用充分发挥出来。政府对公共事务管理的职能存在着不同程度上的局限性，所以公共物品在供给过程中不可避免地会受到外部力量的影响，出现非均衡现象，即产生“外部性”问题。某些非竞争性的公共物品，虽然能够实现排他性的灵活使用，但它们的使用会对社会效益造成严重的负面影响，同时产品的浪费和闲置也会使资源的配置效率大幅度降低，从而导致市场失灵。公共物品作为一种特殊商品，供给必须满足一定条件，才能产生良好的经济效益，因此在经济发展过程中需要政府干预。由于公共物品本身的独特性，私人部门大多无法或者不愿意提供，导致产量无法达到最优状态下的合理水平，最终造成社会福利的减少以及资源的严重浪费现象。公共物品供给是一种非均衡现象，它要求在一定范围内满足所有需求主体，如果仅依靠市场机制对公共物品的生产和配置进行调整，那么非常容易导致市场机制的失灵，从而引发供需失衡的问题。在市场经济条件下，为了保证经济活动中各方主体实现利益最大化，必须利用国家力量，对这些公共物品的供给加以必要的限制与引导。公共物品的非排他性和非竞争性使其无法通过单一市场来有效配置，所以需要政府等相关公共部门对其发展进行合理、科学的干预。

对于公共文化资源，特别是信息资源的最优化高效配置，政府这只“可见的手”在其中扮演着不可或缺的重要角色。信息作为一种准公共物品，有非排他性的特征，因此信息的“所有者”想要排除他人获取、再生产以及传播信息的难度是非常大的。信息产品的供给者，通常会采取“搭便车”行为来获得更多的收益，由于“搭便车”的成本比生产信息所需的成本更低，信息生产者因此失去了生产信息的重要源泉，从而使市场提供的信息商品无法达到社会的最优水平。政府必须对信息产品实行有效管制，以保证信息的有效性，并促进其高效利用。一旦市场失灵导致信息公共物品供给无法达到最优状态的时候，政府有责任采取干预和介入措施，以全面保证生产、供应以及消费的高效性和有效性。为了实现公共物品的高效供给，政府需要采取一系列的有效行动，私人物品能够借助市场机制进行有效率的分配。公共文化服务作为一种特殊类型的信息产品，在很大程度上取决于它自身的属性特征和需求特点。综上所述，无论是图书馆事业的持续性高效发展，还是公共文化服务体系的构建，均是全面维护社会公众信息公平的关键性途径，其中政府扮演着主导和推动的角色。

三、公共文化的有效供给

众所周知，图书馆承担着文化传承和扩散的重要职责，是非常具有代表性的非营利性组织。公共图书馆在促进社会和谐发展中发挥着重要作用，作为构建公共文化服务体系的中坚力量，肩负着保障社会公众平等自由获取公共文化的崇高使命。在我国当前建设社会主义和谐社会中，公共图书馆理应发挥其独特作用，为公众提供优质、高效的文化产品和信息服务，满足社会发展所带来的人们对精神文化生活日益多样化的需求。城乡居民公共文化服务的有效供给，离不开公共图书馆体系的优化和完善。作为一项社会性公益事业，公共图书馆的长期稳定发展应该依赖政府拨款，一定不可寄望于通过市场提供的服务来实现盈利的目的。实际上，图书馆就本质而言，属于公共物品和公共事务的范畴，是一种文化产品，需要得到政府组织和公益性非政府组织的支持，这是不可或缺的。公共图书馆的公益属性要求公共图书馆具有良好的社会效益，并在此基础上实现经济效益。无论是公共图书馆的建设，还是公共图书馆的进一步发展，均必须由各级地方政府承担资源提供的重要责任，因为公共图书馆不仅具有公共产品的性质，还具有德优产品的性质，所以各级地方政府应该成为公共图书馆服务事业的关键性核心责任主体。

为了真正实现公共图书馆服务的社会效益最大化和最优化，政府需要保障人力、财力以及物力的投入，从而确保服务的非竞争性和非排他性，最终提供平等、免费和自由的最优服务。公共图书馆具有公益性质，它不仅要承担国家和地方赋予的各项义务，还要接受公众监督。基层公共图书馆建设的有生力量，同样包括其他公益性的社会组织，虽然在某些特定历史条件下，会出现并采用“使用付费”和“收费补偿支出”等做法，但是“不以营利为目的”始终是图书馆服务的重要基石和原则，不可忽视。图书馆具有巨大的社会效益，但其经济效益并不高，且边际收入难以弥补成本，即使用户数量不断增加，馆藏内容也不会受到任何损失。公共图书馆作为一种准公共物品，它既不能完全依赖市场供给，又无法依靠市场机制进行配置，只能采取国家财政拨款方式。所以，私人缺乏提供公共图书馆产品的相关激励机制，若由市场机制提供，则可能导致市场失灵。政府作为一个国家或地区公共文化服务体系的重要组成部分，具有提供基本公共服务和满足人民群众日益增长的精神需求的双重职能。公共图书馆事业的繁荣发展，离不开政府作为主要责任主体的作用。在我国当前的体制下，各级地方政府均承担着推动当地图书馆事业发展的重要职责。政府在基层公共图书馆建设的过程中，扮演着至关重要的角色，为图书馆法规、图书馆运行、图书馆设施等多个方面提供支持和保障。

第三节　公共文化的建设发展

公共文化作为一种文化形态，主要由政府主导和社会参与共同塑造，核心理念在于充分满足全体公众共同的文化需求。作为公民的基本权利之一，文化权利的实现需要确保每个人享有平等的机会与权利，以充分利用文化资源，因此必须在公平原则下保障每个人的基本文化权益。公平的文化权利包括多个方面，如平等享有科学文化进步的权利等。发达国家在公共图书馆领域，已经建立了全面的公共图书馆网络，为读者提供了广泛的阅读资源。这说明在发达的资本主义国家里，公共图书馆已经成为一种普遍的社会公益事业，它对于提高公民文化素质发挥着重要作用。我国在目前的经济发展水平下，公共文化建设滞后于经济建设，即便是那些规模巨大或者特大的城市，如北京、上海等，公共文化服务设施也与发达国家存在着差距。在经济发达的沿海及大中城市，由于特殊的地理位置、人文环境，人们对各种信息资源的获取途径更加便捷。乡镇和农村地区的基层民众的文化需求难以得到满足，原因是这些地区严重缺少图书馆、博物馆等文化设施现有的公共文化服务活动无法满足他们的不同需求。我国的公共图书馆和其他文化设施，与发达国家相比存在着巨大的差距，特别是在基层图书馆方面。此外，由于城乡差异和地区不平衡等问题，导致各类社会群体所享受到的文化服务活动存在不平等和不均衡的现象。因此，公共文化设施建设应该从城乡统筹的角度出发，实现全社会共同发展，唯有将城乡和地区之间公共文化设施的差异消除，才可以真正建立一个普遍平等的公共文化服务体系，从而保障公民的文化权益。

免费开放公共文化服务设施，从某种程度来说是维护公民基本文化权益、促进社会和谐发展的一项关键性措施。我国政府通过不同的手段和方式积极推动和促进公共文化服务设施向社会免费开放，促使图书馆尽可能多地向妇女、残障人士等群体民众提供免费的文化服务，这是一项紧迫的任务。不仅要让人民群众享受到均等化的公共文化产品和服务，还要通过提供信息资源、开展活动来丰富广大民众的精神家园，从而更好地促进人的全面发展。公共文化设施作为充分保障群众基本文化权益的渠道，是满足群众不同精神文化需求的重要平台，起着不可或缺的重要作用和意义。在新时期，公共文化设施免费开放政策对于构建社会主义和谐社会具有十分重大的意义。数字文化建设的重要组成部分之一是公共电子阅览室建设计划，未来的公共文化服务将成为一个紧密相连的网络体系，没有一个角落能孤立存在。公共文化服务的发展需要依靠先进技术和人才来支撑，其中又离不开公民的积极、广泛参与。公民享有获取信息的权利，这是他们一项最基本的文化权利，同时也是对社会公平和机会均等的保障。随着信息技术的发展和人们对知识信息渴望程度的提高，可以说知识信息的获得方式，已经从传统的图书馆走向了网络。为了成功实现各类基本公共服务的均等化，政府应当积极维护知识信息公共资源的平等利用，以确保每个人都能享受到同等的公共福利。

公共文化服务的理论已被广泛认可，发达国家在实践中获得了显著的成就。随着全球化的深入和我国经济社会的快速发展，城乡一体化进程不断加快，广大农民群众对精神文化生活提出新的要求，特别是对文化建设越来越关注。公共文化服务体系必须覆盖全社会，确保每个人都能享受到平等的待遇，覆盖街道、社区、乡镇和农村，以实现全民受益。文化事业在实践的过程当中，其发展和满足广大人民群众的不同文化需求之间存在着两个难题：第一个难题是缺乏有效的供给，导致群众的基本文化需求无法得到充分的满足，文化事业的发展严重滞后于文化需求的快速增长，有的地区在强调和关注经济发展的过程当中，严重忽视了文化发展的重要性。第二个难题是文化事业虽然正在蓬勃发展，但是由于与人民群众的实际文化需求存在偏差，导致“众口难调”的问题仍然无法得到有效的解决。

在构建公共文化服务体系的过程中，公共图书馆扮演着至关重要的角色，特别是在公共文化服务领域。我国要建设社会主义和谐社会，就需要建立和完善以政府为主导、市场为基础、公众参与的多元主体共同治理模式。图书馆作为公共文化服务的关键场所，承担着文化积淀、传承以及交流的重要职责。随着社会经济的快速发展和人们精神生活需求地不断提升，公共图书馆作为提供知识与信息资源的主要机构之一，作用越来越凸显。在此背景下，建立全面的基层公共图书馆服务网络，实际上是完善和优化公共文化服务网络的一项重要措施。当前，随着城镇化进程不断加快，城市人口急剧增加，人们对知识信息的需求越来越迫切，这给公共图书馆带来了难得的发展机遇。我国的基层图书馆事业建设面临着巨大的挑战，需要对城镇化发展过程中的有利条件进行深入挖掘，以确保发展战略的高效全面实施。近年来，政府对基层公共图书馆建设的高度重视和推动，已成为一项重要的“惠民工程”，为广大民众提供了更多地便利和支持。在新时期背景下，如何进一步加强和改进基层图书馆服务工作，更好地为人民群众提供便捷高效的公共文化服务，成为当前面临的主要问题之一。如今，我国已经初步建立好覆盖城乡的公共文化设施网络体系，实现了公共文化设施的全面免费开放的主要目标。

基层公共图书馆作为城镇文化设施建设的不可或缺的一部分，不仅承载着文化的精髓，同时也为文化的发展提供了有益的支持。公共图书馆作为一个公益性组织机构和社会文化教育事业单位，为人民群众提供了丰富多样的信息资源，对提高人们的综合素质发挥着巨大的作用。就本质而言，图书馆自身就是一种文化，蕴含着深刻的内涵，它的文化主要是由过去、现在和未来三个方面的递进和传承所构成的，同时也是物、人和神（馆藏文献所承载的智慧与精神）三者有机结合和辉映所呈现出的产物。随着时间的推移，图书馆逐渐形成了独具特色的文化体系，其中涵盖了行为、制度等多个方面的文化元素。图书馆文化的价值追求展现出六个显著特征：一是致力于培养图书馆所有管理人员的图书馆精神、价值以及道德观念，以提升他们对图书馆的认知和责任感。二是对图书馆所有管理人员主体的充分尊重。三是领导和管理人员共同承担图书馆发展的命运，高度重视管理人员的积极参与性和贡献。四是致力于营造宜人的环境氛围，以激发图书馆人员的团队合作精神。五是深层次挖掘人类的潜能，对现有的人力资源进行最大化利用，以实现人力资源的最佳组合。六是为了提升图书馆的服务水平，需要组建和培养一支高素质的管理团队。图书馆文化的繁荣不仅能够推动图书馆事业的快速发展，还能够为城镇的公共文化提供有益的回馈。

第四节 国家政策的支持

一、政策环境分析

（一）各项规划政策中的重要体现

《国民经济和社会发展第十一个五年规划纲要》中提出要全面贯彻落实科学发展观，在其第二章中提出“立足扩大国内需求推动发展，把扩大国内需求特别是消费需求作为基本立足点”。《国民经济和社会发展第十一个五年规划纲要》第二十一章专门阐述“促进城镇化健康发展”，提出“坚持大中小城市和小城镇协调发展，提高城镇综合承载能力，按照循序渐进、节约土地、集约发展、合理布局的原则，积极稳妥地推进城镇化，逐步改变城乡二元结构”。

《国民经济和社会发展第十二个五年规划纲要》在文化事业发展方面则提出，“加快推进公益性文化事业单位改革，探索建立事业单位法人治理结构，创新公共文化服务运行机制”“增强公共文化产品和服务供给，公共博物馆、图书馆、文化馆、纪念馆、美术馆等公共文化设施免费向社会开放……注重满足残疾人等特殊人群的公共文化服务需求。建立健全公共文化服务体系。以农村基层和中西部地区为重点，继续实施文化惠民工程”。随着文化体制改革力度的逐步加大，公共文化领域的法人治理等创新机制有望取得突破。

《国民经济和社会发展第十三个五年规划纲要》也提出“加强文化产品、惠民服务与群众文化需求对接”。《文化部“十三五”时期文化发展改革规划》提出，“建立健全基层公共文化服务监督评价机制，开展常态化的公共文化服务效能评估。建立群众文化需求反馈机制，推广‘菜单式’服务模式”。基层图书馆的发展必须以满足人民的需求与愿望为前提，究其原因为读者的需求是决定图书馆发展方向的关键因素，更是广大人民群众学习科学文化知识和信息资源的场所。图书馆的服务内容及方式的改变和转型，应当由读者这一直接受众所具备的能力和权力来决定。在当前新时期社会背景下，图书馆必须坚持以人为本，从读者需求出发，不断创新管理理念，提高管理水平，完善服务体系，努力构建和谐文明的阅读环境，唯有通过持续性满足读者不同需求，才能够使图书馆的服务质量与水平得到较大幅度的提升，从而推动图书馆事业的持续稳定发展。

《国家“十一五”时期文化发展规划纲要》提出，县（市）图书馆按照“政府资助建设，鼓励社会捐助，农民自我管理，市场运作发展”的要求，支持农民群众开办“农家书屋”。还指出“鼓励社会力量捐助和兴办公益性文化事业。引导和鼓励社会力量捐助和兴办图书馆、博物馆、文化馆等，在用地、税收等方面给予政策优惠”。《国家“十二五”时期文化改革发展规划纲要》提出，“国家兴办的图书馆、博物馆、文化馆（站）、群众艺术馆、美术馆等公益性文化事业单位，要创新公共文化服务设施运行机制，探索建立事业单位法人治理结构，吸纳有代表性的社会人士、专业人士、基层群众参与管理”。《国家“十三五”时期文化改革发展规划纲要》提出，“推进文化志愿服务，建立和完善文化志愿者注册招募、服务记录、管理评价和激励保障机制，提高文化志愿服务规范化、专业化和社会化水平。”要推动基层图书馆的长足发展，必须借助一定的外援力量，正确科学引导社会各界，以多元化的方式积极主动参与，以填补基层图书馆在资金、资源等多个方面的短板和缺陷，使基层图书馆服务内涵得到进一步的优化和完善，同时有效提升服务的质量，最终使基层图书馆公共文化服务能力在整体上得到全面的提升和发展。所以，除了上述各项规划纲要所体现的具体要求外，还有若干专项政策，十分明确地提出了图书馆在整合各方力量方面的不同要求。

在城市化浪潮中，国家积极推动和促进公共文化服务体系的优化和完善，同时用不同的手段促进公益性文化事业的蓬勃发展。无论是在构建覆盖全社会的公共文化服务体系的政策措施中，还是在推动和促进城镇化的发展战略之中，不仅面临着挑战，同时也是难得的发展机遇，对公共图书馆的发展可以说是一个巨大的考验。当前，我国公共图书馆法人治理结构还不够健全，影响到了公共图书馆的职能发挥及服务水平提升。推进法人治理结构的深化与改革，可以使公共图书馆治理的民主性和科学性得到进一步提升，以严格遵守国家规定为前提和基础，一方面可以将各方面的积极性和内部活力充分激发和调动起来，另一方面也可以使公共图书馆的服务方式和内涵得到优化和完善，从而为广大人民群众提供更加精准的优质服务。近年来，全国各地纷纷响应国家号召，开展文化资源共享工程建设，尽管文化共享工程在持续建设的过程当中取得了一定的进展，但与预期目标仍有较大差距，因此巩固建设成果也面临着相当大的挑战。

（二）完善相关法规政策的思考

一是在制定政策的时候，必须充分考虑社会发展的不同需求，同时综合调研基层图书馆的实际发展情况，以确保政策的有效性和可持续性。作为城市文明重要标志之一的公共图书馆是现代信息传播体系建设的重要组成部分，对促进人的全面发展有着举足轻重的作用。为了真正实现政策的有效性和指导性，推动基层图书馆的发展，需要严格按照社会发展的科学规律，深入了解和掌握其实际状况，同时根据变化，随时进行调整、优化和完善，唯有如此方能满足需求，确保政策的方向正确无误。需要注意的是，政策的制定和实施要有一定的程序，包括宣传动员、调查摸底、制订计划、执行检查等步骤，使政策真正落到实处。在制定相关规划政策的过程当中，必须充分考虑使基层民众的文化修养和信息素养快速提升的方法，以便更好地适应基层实际情况的需要。从目前看，基层公共图书馆作为服务群众最基础、公益性最强、社会效益最高的机构之一，是满足广大民众基本文化权益的重要保障，因此它应该受到高度重视。基层图书馆近几年虽然依托全国文化信息资源共享工程等项目，不断为基层人民提供需要的文化资源和信息，将提升基层人民文化素质的作用充分发挥出来，但要引导更多的基层人民灵活运用这些资源，同时把实施这些项目的一系列影响淋漓尽致地作用于基层图书馆的全面发展，依旧离不开政策的引导和促进。

二是建立更加完善的监管和考评机制，以确保政策的有效性和公正性。政策的有效推动作用既不在于其颁布，也不在实施，而在于认真贯彻并认真执行，最终产生良好的效果。目前，我国图书馆界对参与政策的研究尚处于起步阶段，没有形成完整体系，这一问题恰是政策执行中最关键的环节。所以，确保政策得到有效的监管和评估，更加需要建立一套完善的机制和体系，这一点显得尤为重要。国家在制定政策的时候，应鼓励并且正确引导各方力量，积极主动参与图书馆的建设和管理，为图书馆的发展提供更多的参与机会和领域，从而将各方参与的优势充分发挥出来。为了确保参与权利得到确切的落实，必须建立与其相对应的完整监督监管机制，如若不然参与的程度和范围非常有可能无法达到政策要求，或者参与机制变得毫无意义。政策的执行过程是一个不断发现问题、分析问题、解决问题的动态发展过程，而不是一成不变的结果，如果没有及时解决问题就会造成新的问题出现。

二、积极响应国家政策对促进图书馆发展的作用

（一）保障作用

为确保图书馆的可持续发展，许多国家采用了建立完善的法律体系的措施。无论是关注图书馆事业的整体发展，还是侧重于图书馆事业某一方面的发展，对各项法规政策进行灵活运用，为图书馆事业提供强有力的保障，现今已成为国际社会的主流发展趋势。在我国，基层图书馆作为公共文化服务体系中的一个重要组成部分，也需要建立相应的法律法规来确保其健康稳定的发展。为了确保基层图书馆事业的长期稳定发展，政府必须制定相关的制度安排，不断完善和优化与其发展相关的政策法律，进一步明确基层图书馆的社会职能与地位，从而充分保障其合法权益。

（二）引导作用

一是政策法规具有一定的强制性、权威性等特征，主要源于国家、相关部委及机构所颁布的规章制度。在我国目前的情况下，已有不少地方开始对基层图书馆进行立法保护，但仍存在很多问题需要解决。所以，在各项规定中表现的对基层图书馆事业发展方向的明确定位，具有至关重要的导向作用。这些政策文件不仅为我国当前基层图书馆建设指明了前进的道路，还对未来我国基层图书馆的发展趋势有着重大影响。与此同时，指引着基层图书馆服务方式和内涵的科学、合理转型，有效促进基层图书馆人员工作内涵的转变和业务素质水平的提升，推动和引领基层图书馆事业的成功转型和变革，由此可见，其所具备的指导性和前瞻性非常重要。

二是基层图书馆的职能和服务在相关政策中得到明确定义，同时也引导着广大人民群众以及社会各界对图书馆所具有的社会职能与实际工作情况有更加深入的认识，最终吸引更多社会力量积极主动地参与到基层图书馆的建设和管理过程当中，共同推动和协调发展。

（三）监督管理作用

政策法规的发布，在某种程度上代表着一种具有强制力和不可侵犯性的法律规范的确立。任何法律法规都是为了规范社会行为、维护公共利益而制定的，所以法规本身就是一种监督手段，对人们的行为进行约束与控制。即使修订，也必须遵循程序，政策法规中所涉及的单位机构和目标群体必须依法行事，严格按照规章制度办事，如若不然会受到惩罚与制裁。政策法规在监督管理方面具有显著的功效，这一点不言而喻，尤其是在新时期社会环境下，国家对于文化事业以及公共教育事业越来越重视，因此加强政策法规的建设显得尤为重要。基层图书馆和其他图书馆一样，都受到政策法规的监督和管理，这种监督和管理作用显而易见。要想推动基层图书馆事业健康有序地发展，就必须在法律法规方面加强建设，制定出更加详细明确的规章制度。基层图书馆的发展需要从政策规划的方向，引领到标准细则的指标确定，因此一些政策或地方性法规已经出台了检查及考评制度，同时规定了执行情况的具体完成期限，甚至将其纳入相关评优评先，所以无论是监督力度还是管理力度都非常突出和明显，同时也更有助于推动和促进图书馆工作的向前发展。

三、基层图书馆积极响应国家政策的策略探讨

（一）密切关注，认真领会

为了确保基层图书馆能够积极响应国家的各项法规政策，必须对各种信息的发布渠道进行及时的关注，以便实时了解和掌握政策制定和颁布的最新动态。由于信息闭塞，以往基层图书馆很难获取各类政策和信息，同时也无法及时传递，信息传递滞后导致基层图书馆对政策解读不够及时准确，不能满足广大民众日益增长的文化需求，影响到基层公共文化服务功能的发挥。随着时代的发展和互联网科技的进步，政府对信息公开的力度不断加强，信息获取的渠道也变得更加多元化，信息获取的额率也不断更新，因此基层图书馆要有时刻关注和留意各项政策颁布的意识与觉悟。基层图书馆应该及时掌握相关法律法规内容，对其内容分析解读，以确保准确把握政策方向。对于政策法规的精神与要旨必须深刻领会，特别是在本地区，各级政府还会按照自身实际的发展情况制定适合本地区发展的

执行政策，这需要基层图书馆持续关注，并且认真领会。总之，只有不断提升基层图书馆服务能力才能更好地适应社会需求，促进公共文化事业快速健康发展。国家在近几年发展的过程当中，不仅强调基层民众文化生活的丰富性，还对文化资源的提供高度重视，从多个层面出发，全面认真地实施了一系列的惠民工程，这些工程为基层图书馆带来了政策、经费等方面的利好。

（二）积极落实，有效执行

政策法规的作用的充分发挥主要取决于其落实与执行的质量，若缺乏足够的执行力，或者执行效果不理想，会对政策法规的作用进一步发挥产生非常直接的负面影响。制度执行就是将规章制度、规则等通过一定程序具体化并付诸实施的过程。图书馆制度的执行是一项复杂和非静态的过程与活动，它要求制度执行者严格遵循图书馆实际情况与制度，对各种资源与方法进行灵活地运用，将制度内容和精神实质，成功转化为实际行动。因此，在贯彻落实这项政策时需要有一套行之有效的办法和措施。有效实施和执行一项政策制度，需要综合考虑多个方面的因素，在这众多要素中，最重要的就是政策执行主体——工作人员对该政策制度的认识程度与贯彻执行力度。对于基层图书馆而言，政策的贯彻落实，一方面需要将工作人员的责任心、主观态度等多个方面落实到位；另一方面既要对图书馆自身发展的实际情况进行综合考虑，又要全方位思考涉及主管的各级政府。在制定和实施各项具体政策措施时，必须考虑到这些因素产生的影响，并通过各种因素相互作用最终达到预期效果。基于内源理论的核心理念，我们应将事物内部“人”的自发性和积极性充分发挥出来，以促进事物的可持续发展。为了确保基层图书馆认真贯彻和执行各项政策，应该将基层图书馆的主体作用淋漓尽致地发挥出来，更为重要的是通过不同的方法，使基层图书馆从业人员的业务能力与业务素质得到质的飞跃和提升。所以，如何通过提升基层图书馆人员的整体素质来促进其贯彻落实各项方针政策就显得尤为重要了。唯有那些具备高超能力和卓越素质的基层图书馆从业人员，方能真正领会政策精神，从而认真贯彻和始终坚持制度要求，最终促使政策制度得以有效执行，若缺乏深入理解，则可能导致执行偏差、拖延或无法执行等不良后果。

（三）加强思考，善于总结

无论是政策法规的起草、制定，还是全面实施，均是持续调研和论证的复杂过程，因此其制定过程既是实践的产物，也是实践的指导。只有深入了解国家相关法律法规并结合自身实际情况，才能更好地发挥出政策对基层图书馆事业的指导作用。作为各项政策法规的实践对象，基层图书馆在积极响应并有效执行各项政策的期间，应该深入思考需要改进和完善的部分，以及和实际工作存在的差距和偏差等。在积极响应国家政策、推动基层图书馆事业发展的过程中，这些思考得出的结论成为国家修订以及制定各项政策法规不可缺少的关键性参考依据。基层图书馆长期侧重和专注于基础工作的广泛推进，严重缺乏对自身事业发展中的问题深入思考和总结的相关意识。特别是近几年，国家日益重视和关注基层文化事业的发展，经过综合调研之后先后出台了各项文化政策。众所周知，作为直接和基层民众接触的公益文化机构，基层图书馆应当在国家政策实施的时候，既要进行推动自身事业发展的理论思考，同时也要树立总结研究的有关意识，以便为国家政策的科学、合理制定，及时提供有效的资料与研究成果，并且为自身的不断发展努力和奋斗。

第三章　基层图书馆信息化建设

本章的主要内容为基层图书馆信息化建设，详细介绍了图书馆信息化概述，基层图书馆信息化建设的目标、内容与原则，基层图书馆信息化的基础设施建设，基层图书馆信息化的业务发展建设。

第一节　图书馆信息化概述

一、图书馆信息化的概念和特点

（一）图书馆信息化的概念

1. 信息化

信息化是指将信息技术应用于各个领域和方面，以实现信息的获取、处理、传输和利用的过程。它是一种综合利用信息技术改变传统工作模式和提升工作效率的方式。信息化的目标是通过信息技术的支持，改善组织和社会的运作方式，提高工作效率和生产力。信息化的核心在于将信息与技术相结合，以解决问题、创造价值和促进发展。它涉及信息系统的建设与应用，包括硬件设备、软件应用、网络通信等方面的发展与运用。通过信息化，人们可以更快速地获取和传播信息，更高效地处理和利用信息，从而实现知识的共享、决策的科学化和工作的智能化。信息化的影响和应用广泛，涵盖了教育、医疗、企业管理、政府服务、农业、交通、通信等各个领域。它可以改善工作流程、提升生产效率，提供更好的服务质量，促进经济发展和社会进步。信息化是利用信息技术将信息进行数字化、网络化和智能化处理，以推动个人、组织和社会的发展和进步的过程。

2. 图书馆信息化

图书馆信息化是将信息技术应用于图书馆的各项工作和服务中，以提高图书馆资源管理、信息服务和读者体验的效率和质量。图书馆信息化的核心目标是通过信息技术的支持，实现图书馆的数字化、网络化和智能化。

通过图书馆信息化，读者可以更便捷地获取和利用图书馆资源，图书馆工作人员可以更高效地管理和提供服务，同时也为图书馆的可持续发展和创新提供了支持。

（二）图书馆信息化的特点

通常而言，图书馆信息化的特点主要分为以下 3 类。

1. 业务操作和管理自动化

通过数字化技术，将馆藏资源进行数字化处理和存储，建立电子资源库和数字图书馆，使读者可以通过网络访问和检索图书馆的电子资源。利用自动化系统和软件，实现图书馆的自动化流程，包括图书采购、编目分类、借还书、预约、续借等，提高工作效率和减少人为错误。

2. 信息资源数字化

通过建设图书馆网站和移动应用程序，为读者提供在线检索、预约、续借、参考咨询等服务，使读者可以随时随地访问图书馆资源。利用信息技术收集、管理和分析图书馆的数据，包括读者借阅记录、馆藏情况、服务反馈等，以便进行数据挖掘、用户行为分析和决策支持。

3. 信息资源高度共享

通过数字化和网络化的方式，基层图书馆的用户不仅可以获取本馆内的资源，还能够访问全国范围内的文化信息资源，从而实现了知识的共享。建设图书馆的虚拟学习环境，提供在线学习资源、电子课程、学术期刊数据库等，支持学生和研究人员的学习和研究活动。

二、国内外基层图书馆信息化建设的发展情况

（一）国外图书馆信息化建设的状况

国外图书馆行业的信息化建设经历了三个发展阶段。

在初始阶段，图书馆逐步迈入自动化时代，采用自动化管理集成系统进行运作。在此期间，美国国会图书馆发布了具有重要意义的 MARC Ⅱ机读目录，成

为该阶段的重要里程碑。这一阶段标志着图书馆行业迎来了自动化转型，并为后续的信息化建设奠定了基础。通过引入自动化管理集成系统和MARC Ⅱ机读目录，图书馆能够更高效地处理和管理大量图书资料，实现信息资源的数字化处理和共享，为用户提供更便捷的图书馆服务。

进入第二阶段，图书馆开始在网络上提供电子文献信息服务。20世纪80年代中期，标志性的里程碑是CD-ROM光盘和局域网络的应用，这为图书馆带来了新的机遇。随着互联网的迅速发展，20世纪90年代，图书馆的电子文献信息服务进入了全球化的新阶段。在这一阶段，图书馆利用互联网技术，将电子文献资源提供给全球用户，实现了信息的全球共享。这些电子文献服务不再局限于地理位置，用户可以随时随地通过网络获取丰富的图书馆资源，进一步促进了学术交流和知识传播。

第三个阶段的主要特点是采用海量信息存储、多媒体技术和分布式管理。这个阶段代表了图书馆信息化的高级发展阶段。目前，绝大多数图书馆处于第三阶段的信息化建设中。数字图书馆的建设借助先进的技术手段，能够实现庞大的信息资源存储和管理，同时还提供多媒体形式的内容，丰富了用户的阅读体验。分布式管理的特点使得图书馆的资源能够更好地分布和共享，促进了图书馆之间的合作和互联互通。数字图书馆的发展推动了图书馆服务的智能化和个性化，为读者提供了更加便捷和精准的信息服务。因此，这个阶段也被称为“数字图书馆阶段”。

（二）国内基层图书馆信息化建设的状况

1. 国内基层图书馆信息化的发展历程

与国外图书馆行业的信息化建设的发展阶段类似，我国基层图书馆的信息化发展同样可以划分为三个阶段。

第一阶段是图书馆数字化和网络化发展的基础阶段，为其提供了基本保障。这一阶段主要涉及图书馆电子设备的配置、维护和改进。在这个阶段，图书馆开始引入电子设备，并进行相应的设备配置和维护工作，以适应数字化和网络化的需求。通过不断完善电子设备的功能和性能，图书馆能够更好地管理和利用数字资源，提供更便捷的服务。这一阶段的发展为后续的数字化和智能化阶段奠定了坚实的基础。随着科技的不断进步，图书馆将继续致力于电子设备的更新与升级，以满足不断变化的信息化需求。

第二阶段是建立图书馆自动化系统。在这个阶段，图书馆力求建立一个完善的信息资源体系。通过引入自动化系统，图书馆能够更有效地管理各项工作，包括图书馆藏书的管理、借阅服务的自动化、读者信息的管理等。这一阶段的发展为图书馆提供了更高效和便捷的服务，同时也为图书馆的信息化建设奠定了基础。随着技术的不断创新和进步，图书馆将进一步完善自动化系统，以满足读者日益增长的信息化需求，并提供更多样化和个性化的服务。

第三个阶段是图书馆借助现代科学技术，在一定范围内或系统内建立连接，实现共建共享的目标。在这一阶段形成了图书馆协作网络。通过建立这样的协作网络，图书馆能够共同努力，促进知识的传播与共享。

2. 国内基层图书馆信息化的发展现状

全国各地的基层图书馆在整体上逐步提升了信息化水平，主要体现在以下 3 个方面。

(1) 公共财政保障力度持续增强，逐步推进信息化基础设施建设

随着互联网的广泛应用和信息技术的迅速进步，政府加大了对文化事业的财政支持，从而极大地促进了基层图书馆信息化建设的进程。全国各地的市级和县级公共图书馆逐渐增加了电子设备，同时，电子阅览室的面积也有所扩大，这一趋势稳步上升。

(2) 信息资源日益丰富，特色资源的开发能力有待加强

基层图书馆的文献信息资源逐渐增多，在公共数字文化惠民项目的支持下，构建了一个规模较大、内容丰富的信息资源库。这些资源库的建设为基层图书馆提供了丰富的素材支持，进一步推动了基层文化事业的发展。然而，在基层图书馆自建资源方面，仍需要进一步努力。基层图书馆应加强技术创新和资源整合，积极推动本地特色文献资源的数字化开发和有效利用，以满足用户的多样化需求，并提升基层文化事业的发展水平。

(3) 信息服务设施不断完善，服务效能仍亟须提升

各大公共数字文化惠民项目通过提供丰富的数字资源和服务，使得基层图书馆事业得到了均衡发展，满足了基层图书馆的信息化发展基本需求。然而，有些基层图书馆在推广信息资源方面还存在不足，导致很多读者对其信息资源的了解和利用程度不够高，从而限制了基层公共文化服务的整体效能。要进一步加大基

层图书馆的信息资源推广力度，以更好地满足读者的需求并发挥公共文化服务的作用。

3. 国家公共数字文化服务工程

国家启动了多项公共数字文化工程，旨在促进信息资源的共享和普及，提升公众对数字文化资源的获取和利用能力。通过这些工程的实施，人们可以更加便捷地获取丰富的数字文化资源，进一步推动了数字化时代的公共文化服务。

（1）国家数字图书馆工程

在国务院的指导下，开展了国家数字图书馆工程，这是一项十分重要的工程。这项工程将全国的图书馆资源进行共享整合，提供更广泛、更便捷的数字图书馆服务以满足公众对数字化图书和信息资源的需求。各参与方将积极参与工程建设，共同推动数字图书馆的发展，为广大读者提供丰富的数字资源和优质的服务。国家数字图书馆工程的开展将进一步促进图书馆信息化水平的提升，推动我国数字文化建设向前迈进。

（2）全国文化信息资源共享工程

全国文化信息资源共享工程的目标是对中华优秀文化资源进行数字化加工和整合。该工程致力于提供全面的文化信息资源服务，以满足人们对丰富文化遗产的需求。通过数字化加工和整合，中华优秀文化资源得以广泛传播和利用。其是由文化部和财政部联合主导的国家重要建设项目。

（3）数字图书馆推广工程

为推动数字图书馆的普及和发展，文化部和财政部共同发起了“数字图书馆推广工程”。这项工程旨在为人们提供方便快捷的图书馆资源获取途径，促进数字阅读和知识传播，推动数字化时代的文化繁荣和信息素养的提升。通过整合各级图书馆的资源和利用先进的技术手段，这一工程为构建数字化社会和知识型国家发挥着重要作用。

基层图书馆可以借助数字图书馆推广工程的资源服务，具体有以下 3 种途径。

①馆内服务。基层图书馆可以连接到数字图书馆推广工程的专用网络，这为它们提供了便捷的途径来获取数字资源。通过内部网络获取服务列表，基层图书馆能为本馆的读者提供远程的数字资源服务，满足他们的信息需求。（图 3-1-1）。

图 3–1–1 可在馆内访问的数字资源

②馆外服务。基层图书馆有机会建立本地的统一用户管理系统。该系统将负责管理本馆读者的账号数据。同时，该系统还可以与数字图书馆推广工程的统一用户管理系统进行整合和认证，实现读者账号的互通和认证操作。通过这种方式，本地读者可以直接使用读者卡在馆外进行远程访问（图 3–1–2）。这种便捷的访问方式为基层图书馆的读者提供了更广泛、更便利的数字资源利用渠道。

图 3–1–2 可在馆外远程访问的数字资源

③推广工程移动阅读服务。数字图书馆移动阅读平台提供了丰富资源。该平台可以通过移动设备访问，为用户提供便捷的阅读和查询体验。数字图书馆移动阅读平台采用云服务理念和总分站模式，通过云服务中心在移动终端上实现了图书馆资源的共建共享。各地分站可以自由地接入平台，平台各地数字图书馆与用

户管理系统进行连接，这意味着用户可以轻松访问和利用来自全国各地的数字图书馆资源。(图 3-1-3)。

图 3-1-3 数字图书馆移动阅读服务平台

第二节 基层图书馆信息化建设的目标、内容与原则

一、基层图书馆信息化建设的目标

基层图书馆的信息化建设旨在使其与信息技术的发展保持同步，基层图书馆信息化的目标可总结为以下四点。

（一）建立完善的图书馆网络和信息化基础设施平台

构建信息化基础设施平台，为整个系统提供支持和运行环境。在有条件的情况下，还可建立无线网络，以满足移动设备的上网需求。这样的构建和整合将为机构或组织提供强大的信息技术基础，为各类业务和应用提供良好的支持和平台。

（二）丰富图书馆的馆藏，建设和保存数字资源

针对本地特色资源和珍贵资料，采用数字媒体存储和保存。数字化的馆藏还有助于资源的长期保存和传承，以保护文化遗产和促进学术研究的发展。将传统纸质馆藏资源拓展至数字化形式，为用户提供数字阅览服务。这样的举措不仅扩大了资源的范围，也为用户提供了更加便捷的访问途径，使他们能够随时随地轻松获取和利用这些宝贵的数字化资源。

（三）实现图书馆服务的多样性、泛在性、便捷性

为了提升图书馆的服务质量和扩大覆盖领域，通过建设数字资源拓展服务方式，使读者可以随时随地通过网络获取馆藏资源，并通过移动终端进行访问。同时，可以建设专用的信息资源平台，以更好地满足特殊人群的需求。通过自助服务系统，读者可以更便捷地办理证件、进行阅览、借还图书、复印文件、扫描资料等，减少烦琐的人工环节，为读者提供更加便利的一站式服务。除以上措施，还可以提供电子阅览和视听阅览等网络视听服务。通过电子阅览平台，读者可以在线阅读电子书籍和期刊，享受便捷的阅读体验。而视听阅览服务则可以提供丰富的在线音视频资源。

（四）提高图书馆的运行管理水平

通过信息化的手段，能够更好地协调各项工作，加强内部沟通，提高工作效率。同时，积极收集并分析读者行为数据，能够更准确地了解读者的需求和偏好，有针对性地进行图书馆的发展规划和资源采购，提供更符合读者需求的服务和资源。这些举措将进一步提升图书馆的管理水平和服务质量，为读者提供更好的图书馆体验。

二、基层图书馆信息化建设的主要内容

基层图书馆的信息化建设需要同时关注两个方面。首先是搭建良好的信息化基础设施平台，确保信息技术的稳定运行和可靠性。其次是构建和完善信息化业务系统平台，以满足图书馆的各项业务需求。

（一）信息化基础设施平台的建设

基层图书馆信息化建设的硬件基础设施包括多个方面，如网络和信息安全设备、各类终端设备等。这些硬件设施的建设和配置是基层图书馆信息化建设的关键，为图书馆提供了稳定可靠的技术支持和基础设施，以满足读者和用户对信息资源的需求。

（二）信息化业务系统平台的建设

基层公共图书馆的服务规模和范围存在差异，这导致了信息化业务系统平台在功能和规模上的差异。由于基层公共图书馆的差异性，信息化业务系统平台需要根据各图书馆的需求进行定制和适配，以满足其特定的功能和规模要求。不过，不论规模大小，这些业务系统平台都包含了图书馆的基本业务，如采编、阅读和藏书等方面的服务。从应用的角度看，图书馆的信息化系统可分为两种，即传统环境下的业务系统平台和数字环境下的新型图书馆业务系统平台。这两种系统在满足读者需求、提供信息资源和服务的方式上存在一定的差异。因此，在信息化建设中，要根据不同环境和需求，选择合适的业务系统平台，以提升图书馆服务的效能和质量。

随着各类新兴网络技术的快速发展和数字资源在互联网上的持续增长，图书馆的信息化服务也正逐步朝着数字图书馆的方向迈进。在数字环境中，涌现出了一系列旨在围绕数字资源生命周期提供数字资源服务的系统。这些系统的引入为图书馆带来了更为丰富多样的数字化服务，让读者能够更加便捷地获取和利用数字资源。随着这些数字化平台的建设与发展，图书馆的信息化服务不断优化，满足了人们对于高效、便捷、多样化图书馆服务的追求。

三、基层图书馆信息化建设的原则

（一）用户导向原则

以用户需求为导向的原则是以提供满足用户期望的信息化服务为目标，从用户的视角出发考虑信息化建设，充分关注用户的需求。这一用户导向的原则确保了信息化建设与用户需求的紧密结合，从而能够更好地满足用户的需求，并提供令用户满意的服务体验。

（二）边建设边服务原则

图书馆信息化建设不仅要根据服务要求进行合理的平台和系统规划，还需要充分考虑图书馆自身的特点和需求。同时，图书馆信息化建设也要根据服务效果及时进行评估和调整，以确保系统的高效运行和持续改进。这是一项复杂而漫长的过程，需要持续的努力和精心的管理，图书馆需要注重培训员工，以提升信息化建设的效果和效益。图书馆信息化建成之后能够为服务发挥巨大功效。在进行基层图书馆的信息化建设时，需要牢记边建设边服务的原则，以不断提升服务质量和用户体验。

（三）特色化原则

为了推动基层图书馆的信息化建设，必须根据本地区和本馆的特点以及服务对象的需求，有针对性地进行建设。在这一进程中，应深入挖掘当地独特的资源，并积极开展特色应用和特色服务的建设，充分利用本地文化遗产、历史文化和社区资源，为信息化建设提供丰富的内容和支持，以满足用户的多样化需求。此外，还应加强与相关机构的合作，共同推进信息化建设的步伐。通过充分利用本地资源，借鉴先进的经验和技术，基层图书馆能够更好地提升服务水平，为用户提供更加丰富、便捷和个性化的图书馆服务。通过这样的努力，基层图书馆将能够提供更加个性化、精准的服务，满足用户的需求，推动图书馆事业的发展。

（四）可扩充性原则

为了确保图书馆信息化建设的前瞻性、科学性，在规划与设计阶段应充分考虑系统的扩展和升级能力。从当前业务状况出发，制订科学合理的规划方案。在实际建设过程中，需要充分考虑未来的可扩展性，例如，设计存储系统以应对未来数据增长的需求，提前预留软件接口，以及确保系统结构能够根据业务的动态变化进行灵活调整。通过这些措施，图书馆能够建立具备科学性和前瞻性的信息化基础设施，以应对未来的发展挑战，并为读者提供更加高效、便捷的服务。

第三节　基层图书馆信息化的基础设施建设

图书馆信息化基础设施平台的高质量建设至关重要，其提供了稳定可靠的硬件和软件环境，为图书馆的信息系统运行提供了坚实的基础。只有在良好的基础设施支持下，各类图书馆的信息化应用才能发挥出最佳的效果，提供高效的服务，并满足读者的需求。

一、机房系统的建设

（一）机房系统概述

作为信息中心的核心，机房是电子信息系统的数据集中、集成、共享和分析的关键场所，承载着业务系统和数据资源，并通过有机的组合包括相关工具和流程，为使用者提供信息处理和管理的支持。同时，机房作为电子信息系统的核心设施，承担着确保信息系统安全稳定运行、促进数据的高效利用和业务顺畅开展的重要功能。另外，作为信息中心枢纽，机房系统能提供高质量的信息服务，满足业务需求。

机房系统的建设范围和内容涵盖多个方面，其中包括机房屏蔽工程、消防报警和灭火系统工程、装饰装修系统工程、弱电系统工程、空调冷量计算和通风系统工程、机房区域防鼠害系统工程、供配电安装系统工程等。这些工程确保机房的正常运行和安全性，以提供可靠的环境和基础设施支持，满足信息系统的要求，并保护机房设备免受潜在的威胁。这些工程的规划和实施是机房系统建设的重要组成部分，旨在确保机房的高效运行和可靠性。

（二）基层图书馆机房建设要点

对于基层图书馆而言，如果条件允许可以设置不同的机房分区，这些分区相互独立，不会相互干扰。机房分区不是必须要做的，对于空间和场地有限的基层图书馆，可以不划分机房分区，但要开辟出专门区域来放置信息系统服务器机柜、网络设备机柜等，并需要特别注意以下方面。

①对于机柜内设备的安全性，需要特别注意，以防止无关人员接触造成的潜

在问题。采取适当的措施，如加锁机柜门、限制机柜访问权限等，可以确保设备的安全性和保密性。

②如果机柜放置在靠近阅览区域的地方，就需要考虑设备噪声对用户的影响。在设计和布置机柜时，可以采取隔音措施，如使用噪声消除材料或将机柜放置在远离用户活动区域的位置，以减少噪声对用户的干扰。

③确保机柜的电力供应是非常重要的，要避免设备意外断电，从而影响图书馆的信息服务和网络运行。要保证全天候服务的系统夜间用电安全，非全天候服务的系统，可在非服务时段切断电源。此外，还应注意机柜的防雷接地工作，确保设备的安全运行。

④机柜周围需留有充足的散热空间，可采用空调等方式为机柜内设备散热，以避免设备在过热环境下运行导致寿命减少或系统死机的情况发生。因此，对于服务器和网络设备来说，保持适宜的工作温度至关重要。

二、网络系统的建设

网络系统也称为“计算机网络系统”是由多台具备独立功能的计算机及其外部设备相互连接而成的系统。通过建立网络，计算机之间可以进行数据交换、文件共享、远程访问等操作，促进了信息的快速传递和资源的高效利用。计算机网络系统的搭建为用户提供了便利的工作环境和多样化的服务，有效地满足了现代社会中各种信息和通信需求。在建设网络系统时，需要充分考虑网络的稳定性、安全性和性能要求。通过合理规划和设计网络拓扑结构、选择适当的设备和软件系统，并进行必要的安装和配置工作，确保网络系统的正常运行和高效管理。

（一）规划设计

网络规划设计的目标是根据用户需求和现有条件，制订一套网络系统建设方案。在网络规划设计中，必须严格遵循开放性、标准化、可靠性和安全性等原则，以确保网络系统的稳定运行和数据安全。特别是在基层图书馆建设网络时，经济实用性是至关重要的考虑因素。必须在满足基本功能和性能需求的前提下，充分考虑成本效益，选择适合基层图书馆实际情况的网络方案。网络规划设计过程通常包括需求分析、初步设计和详细设计等阶段，确保设计方案满足基本要求。即在满足业务需求的前提下，要注意合理选择网络系统设计，避免过度追求设备数量和型号的高端化，以实现投资的节约。

1. 需求分析

进行需求分析是为了确定用户对网络系统性能和功能的要求，以满足他们在信息化建设中的实际需求和预期目标。在进行需求分析时，首先需要了解用户的相关情况和用户对网络性能的要求以及对网络功能的要求，这样可以更好地为设计网络系统提供有效的指导。网络设计人员和用户应共同参与调查分析，以明确需求并达成共识。有时在网络建设的初期，用户的需求可能不够清晰，因此需要进行反复讨论和确认，以确保设计的准确性。这样的合作和沟通过程对于成功的网络设计至关重要。

2. 初步设计

依据需求分析，进行初步设计，即对网络系统的主要要素进行方向性设计。初步设计包括网络规模、应用需求、主要设备的性能要求说明、网络系统功能指标、遵循的标准等内容。初步设计的目标是为后续详细设计提供指导，确保系统在满足需求的同时具备合理的功能和性能，并符合相关的标准和原则。在初步设计阶段，需要综合考虑用户需求、技术要求和资源限制，制定系统的整体架构和基本功能，同时评估系统的可行性和可靠性。

3. 详细设计

详细设计是在初步设计的基础上进一步细化和完善系统的各个组成部分，明确实现细节和技术规范的过程。其目标是确保实现系统的功能、性能、安全性和可扩展性等方面，同时满足用户需求和相关标准。在详细设计阶段，需要考虑网络系统的可行性、性能要求和安全性，并根据实际情况进行具体的技术选型和配置。详细设计的目的是确保网络系统的稳定运行和高效性能，满足用户需求并符合相关标准和规范。详细设计包括以下几个方面的设计。

（1）局域网拓扑结构

在局域网中，常见的拓扑结构有多种类型，如混合型、环型等。不同层的联结选择的拓扑结构不尽相同。如将汇聚和接入设备与核心设备连接起来，可以采用双上联的方式。在核心层，可以选择双核心或多核心的架构，核心设备之间的连接方式可以是网状、部分网状或环形连接。

随着近年来虚拟网络技术的成熟，现在可以将两台或多台网络设备虚拟化为一台设备。

无线网络的基本架构可分为结构化网络结构、对等网络结构。一般来说，图书馆无线网络采用前者。

（2）综合布线系统设计

局域网常用光纤和非屏蔽双绞线等传输介质。在选择非屏蔽双绞线时，应考虑采用符合 Cat6 或更高标准的双绞线。而光纤传输距离较远且性能稳定，但设备价格较高，通常用于布线需求较长的水平子系统、垂直子系统、建筑群子系统或特殊情况下的布线需求。非屏蔽双绞线主要应用于近距离接入。例如，工作区终端接入和服务器机房集中接入。

（3）网络设备选型

在进行设备选型时，需考虑所选设备与现有设备的兼容性，确保选用的设备性能和功能符合设计要求。此外，还需考虑设备的可扩展性、后期维护性、技术先进性和兼容性等因素。选定的设备应能与现有设备无缝集成，并具备良好的可升级和可维护性，以应对未来的需求变化和技术发展。同时，设备的选用还应符合先进的技术标准，确保系统的稳定性和可操作性。

为方便后续维护，在经济条件尚可的情况下，最好选择主流产品。在各个区域的交换机端口数量上，应预留一定的冗余，以确保网络的稳定性。同时，边界路由器应支持与运营商线路连接所需的接口类型。

当前，随着多媒体、视频会议等应用的增加，网络设备需具备支持 QoS（Quality of Service，服务质量）和组播等功能。这些功能可以提供更好的网络性能和用户体验，确保高质量的音视频传输和数据传输。因此，在设备选型时，需要重视对这些功能的支持与兼容性。

（4）无线局域网设计

在设计无线局域网时，首要任务是确定所需覆盖的范围。对于覆盖范围较小的基层图书馆，可以采用简单的方式，以实现局部区域的覆盖，即使用无线接入点（AP）连接到有线网接口。通常情况下，单个区域内的 AP 数量不会超过三个。

如果覆盖范围较大，需要部署较多的 AP，那么可以考虑采用无线控制器（AC）和紧凑型 AP（瘦 AP）的组网方式。无线控制器与瘦 AP 相结合，可以实现对 AP 的集中管理和配置，提高网络的可管理性和性能。

这样的设计方案可以根据不同的无线局域网需求进行选择，确保无线网络的稳定性和覆盖效果。

（5）IP 地址规划

IP 地址规划应该兼顾多个原则，以确保网络系统的稳定性、可扩展性和高效性。在进行 IP 地址规划时，需要考虑唯一性、连续性、可扩展性和节约性等原则。确保每个 IP 地址只分配给一台主机是必要的。在同一区域内，IP 地址应该是连续的，尤其是同一部门的设备应该具有连续的 IP 地址。此外，针对 IP 地址的规划，应该预留一部分备用地址，以备将来的扩展需求。这样可以确保 IP 地址的可扩展性。同时，要充分节约 IP 地址，避免浪费。对于设备之间的互联地址以及设备回环（loopback）地址，建议单独分配一段 IP 地址，以保证其独立性和可管理性。

（6）虚拟局域网（VLAN）规划

目前，VLAN 的划分可以基于多种因素，多数情况下，以端口为依据进行划分。为减少内网广播流量对骨干网的影响，在较大型网络中，通常将 VLAN 网关设置在汇聚层，从而将广播流量限制在各个区域内。这样做可以提高网络的性能和效率。通过合理的 VLAN 划分和设置，可以有效地隔离和管理网络中的不同部分，提高网络的安全性和可管理性。因此，在设计和配置网络时，合理规划 VLAN 是非常重要的。

（二）设备安装与网络组建

通过合理的设备安装部署和网络组建，可以提高网络的可靠性和可管理性，确保网络的稳定运行和高效维护。为了减少因无关人员触碰或误插接而引起的网络故障，建议将设备尽可能安装在机柜或专用空间中。在进行交换机接口扩展时，可以采用堆叠或级联的方式。对于采用非屏蔽双绞线进行交换机级联的情况，通常只需使用直通线即可。然而，一些老旧设备可能需要使用交叉线来进行连接。因此，在进行接口扩展时，应根据具体设备和网络需求来选择适当的线缆类型。网络系统还需考虑辅助服务和管理系统的部署。其中包括域名系统（DNS）服务器、动态主机配置协议（DHCP）服务器以及网络管理系统等，这些组成要素为网络系统的正常运行和有效管理提供了重要支持。网络管理系统应提供各种功能以确保网络的高效运行和安全性。

（三）验收与技术培训

YD/T 5070-2005《公用计算机互联网工程验收规范》提供了详细的网络工程验收指导以供参考。除此之外，为确保满足用户的实际需求，验收标准还应与用户需求进行对照。在完成验收后，承建方应对用户的相关人员进行技术培训，并提供售后服务承诺，包括应急响应和日常技术支持等方面。这样可以保证用户在使用网络系统时能够得到及时的技术支持和维护，确保系统的稳定运行和提高用户满意度。

三、计算平台建设

在本书中所说的计算平台主要是指由服务器、集群和虚拟化系统等硬件组成的基础设施，它们扮演着支持应用软件运行的重要角色。这些硬件组件相互配合，提供高性能的计算和存储能力，以满足不同应用场景的需求。服务器作为核心组件，承担着数据处理和资源管理的任务；集群则通过协同工作和负载均衡来提高整体性能和可靠性；而虚拟化系统则允许将物理资源划分为多个虚拟环境，进行资源优化。综合而言，这些硬件组件构成了一个强大的计算平台，为应用软件的顺利运行提供了稳定且可扩展的基础。

（一）服务器概述

1. 服务器和操作系统

承载信息系统运行的计算平台构成了服务器的基本硬件。根据不同的角度可以将服务器分成不同的类型，通过这些分类方式，可以更好地满足不同应用场景下的需求，选择适合的服务器类型以提供高效可靠的计算服务。这种多样化的服务器选择也使得企业能够根据自身需求和预算制定合理的服务器架构。

操作系统是一种关键的计算机程序，用于管理和控制计算机硬件和软件资源，它作为最基本的系统软件直接运行在计算机上。在操作系统的支持下，其他软件才能顺利运行。常见的服务器操作系统包括 Windows Server、Linux 等，它们提供了丰富的功能和稳定性，满足了不同应用环境的需求。操作系统的作用是协调计算机的各项资源，提供用户与计算机之间的接口，使得用户可以方便地管理和操作计算机系统。通过操作系统的管理和控制，计算机系统能够高效运行，并为各类软件应用提供良好的运行环境。根据不同的功能和性能要求，以及与现有系统的兼容性等因素，选择适当的操作系统能够确保服务器的稳定性和高效性，并满足图书馆的信息管理和服务需求。因此，在进行操作系统选择时，需要综合考虑各种因素，以确保达到最佳的系统性能和适应性。

2. 服务器集群

服务器集群是指将多台服务器通过特定的链路和协议集中在一起，以提供相同的服务。集群的设计目的是通过将负载分布到多台服务器上，提高整体性能和可靠性。通过使用集群技术，可以实现负载均衡、故障恢复、资源共享和管理。从外部观察，集群就像是一台服务器在运行。集群系统通常具有高度的可扩展性、可用性、可管理性和经济性等特点。集群系统可以根据需要动态扩展，以满足不断增长的需求，并提供可靠的服务。这种集中管理的方式使得服务器集群成为处理大规模工作负载和提供高可用性的理想选择。

3. 服务器虚拟化技术

通过虚拟化技术能够将服务器的硬件资源转变为可灵活管理的资源池。通过对这些资源进行动态分配，一台服务器可以被划分为多个相互隔离的虚拟机。这种方式使得一台服务器能够同时运行多个独立的虚拟机，每个虚拟机可以运行不同的操作系统和应用程序，彼此之间互不影响。通过服务器虚拟化，可以更充分地利用服务器的硬件资源，提高资源利用率和灵活性。虚拟化技术还能够简化服务器管理和部署，降低成本和能源消耗。此外，服务器虚拟化还能够简化管理和维护工作，提高系统可靠性和可扩展性。通过动态调整虚拟机的资源分配，可以根据实际需求进行灵活扩展或缩减，实现更高的效率和响应能力。同时，虚拟化还提供了高度的隔离性和安全性，确保每个虚拟机在独立的空间内运行，减少故障和安全风险的传播。

4. 云计算技术

云计算是一种基于互联网的计算模式，其独特之处在于将计算任务分布在大量分布式计算机上，而非局限于本地计算机或远程服务器，用户可以灵活地将资源切换到所需的应用上。通过共享的软件、硬件资源和信息，云计算能够按需提供给计算机和其他设备使用。云计算的核心概念是虚拟化和资源池化，通过将物理资源抽象成虚拟资源，将各种资源整合到一个统一的资源池中，用户可以根据需要灵活地分配和调整资源，提高资源利用效率。同时，云计算还具有高可用性、可扩展性和弹性，使得用户能够更加高效地开展业务和创新。云计算的优势在于可扩展性、灵活性和能实现高度的资源共享，使用户能够根据实际需求动态调整计算和存储资源，提高效率和降低成本。通过云计算，用户能够在任何时间、任何地点通过互联网访问所需的计算和存储资源，极大地提升了计算资源的利用率和便捷性。

（二）基层图书馆服务器的选用要点

对于服务器的选择，要考虑以下 3 点。

1. 确定目标，有的放矢

通过综合考虑未来需求，可以确保服务器硬件满足图书馆信息化建设的长期需求，同时也减少了后续升级和扩展的成本和复杂性。因此，在图书馆信息化建设规划中，对未来大型应用和数据资源的考虑至关重要，以保证服务器硬件的可扩展性和经济性。

2. 综合考量，确保稳定

在评估服务器结构是否适用于当前的应用类型时，需要综合考虑硬件和系统等多个方面的因素。选择合适的 CPU、内存和磁盘等硬件组件是关键，以避免系统性能瓶颈的发生。作为 IT 系统的核心，服务器必须具备高度的稳定性和可靠性。

3. 权衡成本，同步预算

在制订计划和决策时，需要综合考虑成本因素，以确保在满足需求的同时避免意外的费用负担。在考虑服务器硬件方面，需要特别关注升级和维护的成本。这包括硬件设备的购买成本、安装和配置的费用，以及后续的维护和支持成本。同时，还需考虑硬件的寿命周期和技术更新的频率，以避免过早的设备更换和额外的成本投入。通过合理评估和规划，可以选择适合需求的硬件配置和升级策略，以最大限度地控制成本并保证系统的稳定运行。在充分调研的基础上，进行招标和签订合同时，必须明确相关费用，并明确指出未经事先说明的费用不得收取。

这包括明确列出各项费用、费用的计算方法以及支付方式，并确保供应商或服务提供商清楚了解并同意这些费用。在合同中应明确规定，除了已列明的费用外，不得额外收取未经事先协商的费用。这样可以确保合同的透明度和公平性，并避免不必要的费用负担。此外，计算平台的规划和实施应与资金预算同步进行，并充分考虑到后续相关费用的投入，如升级和扩容等支出。这意味着在制订计划和决策时，需要综合考虑资金预算以及未来可能产生的额外费用，以确保计算平台的可持续性和长期运营。同时，应考虑技术升级和系统扩容可能带来的费用，并在规划阶段就提前预留相应的预算，以避免后续出现意外的财务负担。这种综合性的规划和预算策略能够保证计算平台的稳定性和可持续发展。

四、存储系统建设

在应用系统需要处理大量文件或需要长期保存文件时，必须考虑使用存储系统。为了建设高效的存储系统，需要结合多种备份技术以确保数据的安全性，并设计合理的存储架构，同时建立完善的文件保存体系。通过这样的方式，可以满足应用系统对于大量文件的处理和长期保存的需求。

（一）搭建合理的存储架构

目前常见的存储架构主要包括以下几种。

①通过标准的网络拓扑，网络附加存储（NAS）将一组存储设备连接到计算机，实现存储功能。NAS 以部件级的方式进行存储，能够有效地满足快速增长的存储容量的需求，并便捷地实现异构平台之间的数据共享。此外，NAS 作为一种即插即用的网络存储设备，内置网卡，能够直接连接到网络，无需复杂设置即可使用，或者仅需进行简单的配置。它具备高度的灵活性和易用性，因而备受欢迎。无论是个人用户还是企业组织，都能通过 NAS 实现快速、可靠的数据存储和共享，满足各种用户需求。此外，NAS 还支持多种常用协议和文件系统，为用户提供广泛的应用和兼容性。对于 NAS 的管理和维护而言，相较于其他存储解决方案，它具备简单易用的特点。用户只需进行简单的初始设置和管理，即可轻松启动和运行 NAS 设备。然而，我们也需要了解 NAS 的一些限制。由于 NAS 采用基于文件的通信协议，其主要适用于存储对象文件，而无法完全满足数据库存储

需求。这意味着在需要高性能数据库操作的情况下，NAS 可能无法提供最佳的解决方案。在这种情况下，用户可能需要考虑其他存储选项，如 SAN（存储区域网络）或 DAS（直连存储）。综合考虑需求和预算，选择最适合的存储解决方案对于满足特定的数据存储需求至关重要。尽管存在一定的局限性，但 NAS 仍然是一种方便、易用的网络存储解决方案。

②直接连接存储设备到服务器的内部总线是最早采用的存储方式，称为 DAS（直连存储）。DAS 存储方式依赖于服务器本身的硬件堆叠，没有独立的存储操作系统。其优势在于连接简便、使用便捷。然而，由于受限于小型计算机系统接口（SCSI）通道的带宽和数量，当连接较多的硬盘时，可能会面临性能瓶颈，并且扩展性也有限。在高要求的存储环境中，DAS 可能无法满足快速数据访问和扩展的需求。因此，在选择存储方案时，用户需要综合考虑数据量、性能需求和可扩展性，以选择最适合的存储解决方案。在连接大量存储设备时，DAS 的性能和扩展性方面存在一些限制。

③采用光纤通道技术的 SAN（存储区域网络），是通过特定协议连接存储设备和计算机，实现直接数据存储的网络。SAN 架构简化了管理和操作过程，提高了整体效率。通过 SAN，存储和计算资源可以更加灵活地配置和管理，为企业提供了可靠的数据存储和高性能计算的解决方案。

对于基层图书馆来说，各种存储架构都有各自的特点。在选择适合的方案时，可以根据自身特点和具体需求进行评估。然而，无论选择哪种方案，都必须重视存储架构的安全性、稳定性和可扩展性。这些因素对于保护数据的完整性和可靠性至关重要，并且可以确保系统能够适应未来的变化。因此，在做出决策时，应该充分考虑这些方面，以确保所选择的存储架构能够满足基层图书馆的需求。

（二）构建完善的保存体系

为了构建一个完善的保存体系，可以根据在线、近线和离线，采用不同的存储介质，以提高保存能力，并在有限的资金规划下进行合理配置。为了实现资源的合理保存，可以根据不同存储介质的特性进行选择。对于在线数据，可以采用高转速、高性能的硬盘，如 SAS 硬盘或 FC 硬盘；对于近线数据，可以选择性价比高的低转速硬盘，如 SATA 硬盘；而离线数据则可以选择磁带或光盘等存储介质。永久保存或用于备份的数字资源，则应采用离线保存方式。

（三）结合多种备份技术

数据备份是一种将指定时间和指定内容的数据进行复制的过程，以便在系统遭受破坏或其他特定情况下重新使用。备份是一种重要的安全措施，它能够保护数据免受损坏或丢失，同时提供灵活的恢复选项，以保证组织的持续运营和数据完整性。备份的目的是应对潜在的风险和故障，确保数据的可靠性和可用性，从而有效地管理和保护重要的信息资产。备份是一项关键的措施，能确保数据的安全性和业务的连续性。

备份系统通常包括备份服务器、备份软件和备份介质等组件。一般情况下，备份软件客户端和服务器端会分别安装在相应的设备上。客户端软件和服务器端软件协同工作，通过备份介质，按照预先设定的备份策略进行备份。这种安排可以确保数据的可靠备份和恢复，以应对系统故障或数据丢失等风险。备份系统在数据保护和业务连续性方面发挥着重要作用。

在进行存储系统的建设时，基层图书馆要结合数字资源的保存和应用等特点进行考虑，并根据有关配置标准进行存储容量的规划。

五、网络信息安全的保护

伴随着科技的快速发展，人类逐步进入信息化社会，随之而来的各种信息安全问题层出不穷，人们对信息安全问题也越来越重视。不论是全球范围内的黑客入侵，还是手机上的恶意插件，都在提醒着我们网络威胁无处不在。

作为公共文化服务的重要场所，图书馆为了适应时代的发展，也正在加紧脚步建设并完善信息化、网络化和数字化，搭建并使用了大量的信息化系统，其中有图书馆业务集成系统、服务系统与资源发布以及自助借还书系统等。这些数字化系统在提供方便的数字资源服务的同时，仍然需要面对各种各样的信息威胁，如非法，或恶意访问资源、网络攻击、蠕虫病毒等，加之这些系统都是由不同厂商开发建设而成的，它们为用户提供信息共享平台，但又存在各自独立的安全策略及安全机制，因此很多时候无法做到安全体系的全面整合，存在巨大的安全隐患问题，若不对网络安全问题予以重视，可能会对图书馆的业务和服务造成严重影响。目前，我国图书馆网络信息安全就存在许多隐患，主要表现为信息泄露风险、数据篡改风险、身份认证风险和用户隐私安全风险。在面对这些威胁和挑战的情况下，确保图书馆网络信息的安全性是一项至关重要的任务。

（一）网络信息安全的概念

保护信息和网络系统的数据、硬件、软件不受意外或恶意地破坏、篡改或泄露，以确保系统的可靠和正常运行，同时保持网络服务的连续性。这就是网络信息安全的概念。

在当前的网络环境下，除了对网络和系统进行保护，还需要对用户的行为进行管理，确保用户在网上交易时的安全，并保护其知识产权。

信息安全的终极目标在于充分保障数据是保密的、完整的、可用的、不可否认和可控的。

（二）图书馆面临的网络信息安全的主要威胁

1. 对图书馆相关信息系统的破坏

任何对于图书馆的破坏，如硬件的丢失、他人对其系统的物理破坏，以及通过病毒或非法用户入侵系统修改、删减相关内容，都会造成系统的崩溃或停滞，以及相关数据的丢失。

2. 对用户隐私的危害

现代互联网的高速发展，增大了人们对信息的接受量，而个人信息被窃取、泄露的事件也屡见不鲜。像系统漏洞、病毒传播、黑客攻击或工作人员的疏忽等因素，又如木马病毒的传播、系统的不完善等原因，都可能会造成用户的个人隐私遭受侵害，使得用户的网络信息被非法采集，进而被不法分子利用。不法分子所窃取的信息有很多，像用户网页的账号密码、浏览记录、停留时间等都可能成为被窃取的目标，通过这些信息，不法分子可以推测出用户的兴趣爱好、生活习性、社交圈等私人信息，这些信息甚至会被用于从事信息欺诈等不法活动中。图书馆作为具有公益性质的社会文化机构，不仅担任着传输文化知识、传承文明的责任，同时也肩负着保护读者隐私安全的义务。在使用图书馆服务期间，若用户的个人隐私受到侵害，将会对图书馆的声誉造成极其严重的影响。

3. 对信息知识产权的侵害

图书馆所面临的对信息知识产权的侵害主要是数字化资源被盗取，从而使原本有偿购置的信息资源被滥用。这种现象的发生不仅会对原文作者的著作权造成严重的侵害，还会损害图书馆的合法著作使用权。

（三）基层图书馆网络信息安全的保护策略

保障网络信息的安全需要运用多种手段，包括但不限于管理、技术、法律方面的保护措施。同时为了有效地预防、追踪和应对信息安全事件，图书馆需要建立一个综合的预防、追踪和应急响应体系，其中各种手段应该相互补充、协同作用。

1. 管理手段

改进管理手段是一个加强网络安全的好办法，具体来说，需要从制订全面的方针、完善组织架构、完善管理制度和规定、制定技术标准和规范等 4 个方面入手，以确保管理手段的有效性。

①制订一份关于网络信息安全的、全面的总体规划，指明指导原则，确定图书馆网络安全策略的主要目标、适用范围、管理意图以及支持目标，以纲领性的方式进行描述。

②加强建设图书馆信息安全组织框架，如采用组织建设相应的网络安全小组、规划各成员的职责等措施来实现。

③加紧建设网络信息安全的制度体系，修订网络信息安全规章制度，审核并对其存在的漏洞进行修补，进一步完善应急流程，制订应急预案。

④由于各个厂商生产不同的网络系统组件，因而为了保障不同的安全设备和应用程序管理，明确相应的技术规范和标准是必需的，这些标准和规范在安装、配置、日常安全管理和维护这些设备和应用程序时必须严格遵循。

2. 技术手段

（1）网络和系统安全防护

为了确保网络和系统的安全，可以针对网络安全风险提出安全分区方案，基层图书馆可以将网络划分为多个信息安全区域，以便进行相应的防护措施。为了预防网络安全事件的发生，对于个人需求，可以根据需要在互联网边界处部署防火墙、入侵防御设备和上网行为管理设备等，以保障网络安全，同时也应注重安全防范技术的升级研究与应用。为了保障内部安全，图书馆可以根据业务情况和重要性划分数据中心区、办公区和读者区等不同的区域，并采取一系列措施，如布置网络防火墙、定期扫描系统漏洞等，以阻止非法流量进入，加强对访问的控制，并主动检测和及时解决网络信息安全隐患；为了加强计算机终端的网络信息安全防护，图书馆还可以采用配置访问控制策略、部署防病毒软件等措施，以保障办公区和读者区的安全。此外，图书馆还应对读者区的上网行为进行审计，以确保其符合相关标准。

（2）知识产权保护

为了保护用户信息和用户的权益，预防版权人非法使用相关数字阅读资源，可以利用电子认证、加密、数字证书以及数字水印等技术手段。

3. 法律保护

图书馆要使用相关的法律法规完成下面三个目的：首先是保护版权所有者对数字阅读资源的知识产权（版权所有者本身、为信息的二次加工提供增值服务的资源提供者，甚至数字图书馆本身）。其次，为确保对用户隐私的充分保护，图书馆必须做出适当的保护承诺，并严格追究侵犯用户隐私的行为。最后是维护社会公共利益和公众利益，保障社会公众在享受数字资源时能够进行公平、公正的利用与传播。

第四节　基层图书馆信息化的业务发展建设

随着互联网的普及，人们获取信息的方式不断地改变，图书馆作为信息资源的传播和管理中心，作为不可或缺的公共文化服务机构，也应该顺应时代的发展趋势，将其打造为数字化的图书馆。当前，图书馆常常会借助一种或多种数字化信息技术来实现文献资源的加工、管理和服务，同时也会利用网络承担起沟通交流、教育培训等重要职能。众所周知，图书馆信息采集与编目工作是一项复杂而系统的工程，在互联网飞速发展的大背景下，传统的采购、编辑和流通业务必须与新型数字图书馆应用深度融合，才能更好地适应时代的发展，更好地为人们的学习、生活提供便利和支持。

一、传统图书馆环境下的信息化业务平台建设

（一）图书馆集成系统

伴随着图书馆数字化的不断深入，图书馆可以在人员以及资源方面更好地

进行管理。自 20 世纪 70 年代起，随着计算机技术的飞速发展、可视化界面和多任务视窗操作系统的出现，图书馆就已经开始采用一种新的软件系统来进行任务管理，该系统将采购、编目、流通和查询等多种功能集成在一起，实现了不同功能模块的无缝集成，这种技术的运用使传统的以手工方式为主的图书采访模式发生了转变，从而大大提升了图书馆的工作效率，减轻了工作人员的工作量，降低了工作强度和劳动强度，同时也为读者提供了更加方便高效的服务。这个用于提升图书馆工作效率的系统被称为图书馆集成系统（Integrated Library System，ILS）。

一套完善的图书馆综合系统通常由一个关系型数据库、一套可与数据库进行交互的软件以及两个图形化用户界面（面向读者和图书馆馆员）组成。这些功能都是为了实现图书情报一体化而设计的，它们相互联系又彼此独立，覆盖了采访、编目、流通、联机公共查询目录（OPAC）以及馆际互借与文献传递等多个方面。

1. 采访模块

在图书馆的各项业务中，图书采访往往都是其首要阶段，是图书馆工作中不可或缺的一环，还是数字藏书建设以及文献资源布局的重要内容。传统图书馆中的采访业务都是使用人工途径进行，不仅出错率比较高而且效率低下，所以开发出的能够自动采集数据并对其进行整理分析的自动化管理系统可以很好地满足图书馆的任务和读者需求，图书馆借此制定一套完善的藏书结构，并通过多种途径不断优化藏书体系。在这个过程中，图书馆集成系统起到了重要作用，为图书馆的日常工作提供了强大的支持，通过系统化的流程，工作人员可以按照既定的规则和流程来完成各项任务，减少了人为因素的影响，提高了处理速度和准确性。馆员还可以利用采访到的订货单，明确图书馆的采购类型。

订单管理、货币管理、书商管理、发票管理、预算管理、催缺和检索等多项业务功能均由采访模块提供，为用户提供了全方位的服务支持。

2. 编目模块

编目是对特定范围内的文献信息资源进行外部特征和内容特征的分析、筛选和描述，并将其记录下来，随后按照一定的顺序组织为目录或书目的过程。编目模块是图书馆管理系统中至关重要的组成部分，它能够实现图书馆编目业务的自动化，从而大大提高图书馆的工作效率。通过编目模块，图书馆能够对编目业务环节进行信息管理和控制，减少人工错误的发生。同时，编目模块还可以实现自动编排，如图书馆的用户只需输入一本书的信息，就可以自动生成相应的目录、清单和统计表等相关产品，为图书馆的读者提供了便利。此外，编目模块能够将各种文献的书目信息按照一定的规则排列、存储和利用，为图书馆的管理工作提供了极大的便利。总的来说，编目模块在图书馆管理系统中的作用十分重要，其自动化的操作能够提高图书馆的工作效率，为读者提供更为便捷的服务。

值得一提的是联合编目系统，着是一种非常重要的编目方式。联合编目的含义是在一定区域或特定地区建立起一个统一的、具有权威性的编目，负责该地域范围内各种图书资源的采集、整理并提供共享服务。在国外，联合编目的系统发展已经相当成熟，并且已成为一种趋势。

3. 流通模块

图书馆工作的重中之重是为读者提供服务，而流通服务是为读者提供服务的基础。借阅、归还、预约、续借、催还、读者管理以及浏览打印流通报表和资金报表等是图书馆流通服务的主要功能。

4.OPAC 模块

OPAC 模块是现代图书馆管理系统中不可或缺的一部分，其为读者提供了更加方便快捷的服务。通过 OPAC 模块提供的，可在互联网上访问的网页和多种服务功能，如网上预约、检索和用户信息查询等，使读者可以轻松地查找本馆的馆藏资源和他馆的图书信息资源。此外，OPAC 模块还能提供实用、丰富的书目信息，并且借助国际标准书号（ISBN）与目次连接，使书目信息更加详细，便于读者更容易地找到他们需要的书籍。它的引导和服务可以大大提高图书馆的工作效率和读者的满意度，OPAC 模块的主要功能有以下几类。

（1）保存用户信息

用户信息指的是用户在图书馆所发生的行为记录，包括用户在图书馆的账号密码、图书借阅历史、预约请求等。

（2）参数选择

参数选择指的是图书馆系统按照用户的需求进行的个性化参数设置，用户可根据自己的习惯进行选择，包括界面语言设置、显示文字大小、结果显示格式等。

（3）检索

检索指的是用户依据部分图书信息在图书馆的资源库中进行筛选的过程，包括简单检索、高级检索等多种不同类型。

（4）提供选择库

选择库指的是用户在检索图书时所能选择的资源库，包括中文资源库、外文资源库等。有的图书馆还会将资源库进一步细分，方便读者进行查阅检索。

（5）浏览

浏览指的是用户检索的信息可以按照字母、数字等排列规则进行排序。

（6）登录和退出系统

登录和退出系统指的是读者用自己的账号密码登录系统或退出账号的过程。

5. 馆际互借与文献传递模块

为了实现节约高效的馆际资源共享，馆际互借和文献传递应运而生。这种服务方式可以使不同图书馆间实现资源互补和信息共享，提高文献利用率。针对本馆未收录的文献，当读者有需要时，可借助馆际互借原则，向外馆借取相关资料；如果外馆有文献，则通过文献传递系统或图书馆网站等途径将这些文献送到本馆。与此情况类似的是，当外馆向本馆借取相关文献时，本馆也应将文献送出，以此形成互利的关系。

通常情况下，图书馆间应遵照 ISO10160/10161 协议以及相应的规定，进而确保馆际互借和文献传递模块信息的安全性和完整性。该模块提供了对图书进行分类、编目和检索等基本业务操作的支持以及为图书馆之间交换馆藏而设计的一系列接口，通过将 OPAC 模块与流通模块整合在一起，可以连接不同图书馆，促进不同图书馆之间的馆际互借和文献传递，进而实现高效便捷的信息共享。读者可利用 OPAC 提交请求，并可通过读者服务菜单查看所有请求的流通功能，这些功能均已与流通模块完美融合，当然，用户也能根据自己的需求对这些功能进行扩展或定制，借此读者得以直接向当地的图书馆递交请求，以获取外部资料。

在进行图书馆集成系统建设时，基层图书馆应当积极探索与上级图书馆进行数据共享，为建立统一的、共享的平台努力，争取实现各级图书馆的数字资源共享。

（二）信息化到馆服务

1. 电子阅览室服务

随着信息技术的不断发展，数字化阅读已经成了现代阅读的一种主要方式，可以为读者提供实时、丰富、高质量的信息资源，有助于拓宽读者的视野，满足读者的阅读需求。因此，各级图书馆均应根据自己的规模和条件合理设置电子阅读室，为读者提供更优质的服务。此外，电子阅读室的建设也有助于推动图书馆的数字化建设，提升图书馆在信息时代的社会地位和影响力。可以说，电子阅读室是图书馆现代化服务的重要标志之一。因此，各级图书馆应当充分认识到电子阅读室的重要性，加大投入力度，积极建设数字化阅读空间，为读者提供更加便捷、高效、优质的服务。

电子阅览室是图书馆现代化的标志之一，是读者学习信息知识和获取信息资源的重要场所，因此电子阅览室建设需要充分考虑服务对象。同时，不同类型图书馆的电子阅览室定位也应有所不同，建设电子阅览室需要综合考虑馆舍建筑规模、服务时长等多个方面的因素，从而确定面积、配置的电脑数量、计算机终端软硬件配置和数字资源配置等关键要素，以确保读者能够在舒适的环境中获得全面、便捷、高效的数字资源服务。

（1）网络环境

电子阅览室的服务都是通过网络实现的，这些服务不仅包括图书馆内部的网络，还与外部互联互通。通过合理的网络配置，构建符合网络标准的计算机网络，以满足当前网络应用的特点。电子阅览室的上网设备必须具备一定数量和种类的高速以太网接口，并能满足多种网络设备对不同速度的要求，如在万兆到千兆之间切换使用。通常情况下，局域网端口可提供百兆（100 Mbps）以上的网络接入服务，而服务器端口则可提供千兆（1 000 Mbps）以上的网络接入服务。确保电子阅览室具备充足的带宽和互联网连接，可以保证读者能够快速、流畅地使用互联网获取所需信息。

电子阅览室中配置无线局域网已经成为不可逆转的趋势，它可以帮助读者更加便捷地访问网络资源，在信息化建设过程中起着至关重要的作用。即便缺乏建设无线局域网的条件，电子阅览室也必须确保 2G/3G/4G 移动数据信号的充分可用性。

（2）服务器和计算机终端

向读者提供电子阅览服务离不开服务器和计算机终端这两个基础设备的支持。计算机终端的配置应当确保在运行各种电子阅览室应用时，无论是网页浏览、资源下载还是影音视听等方面，都能够快速、流畅，这就要求图书馆对计算机终端进行有效管理与维护，降低故障发生概率。为了确保电子阅览室整体设备的可用性，建议在计算机终端上安装硬盘保护卡，以避免任何对系统的修改或破坏行为，从而保障终端的安全稳定。

除了保证服务器的质量，图书馆还应该注意软件系统的更新和维护，及时修复漏洞和错误，以确保其稳定性和高效性。同时，还要定期对服务器进行优化配置和性能监测，以提升软件系统运行的效率和速度，满足用户的需求。

（3）电子阅览室管理系统

电子阅览室作为数字资料服务的主要载体，对其进行信息化管理可以更好地规范用户上机行为、了解服务状况，并满足不同层次的业务需求。这有助于提高工作效率，优化服务质量，进一步满足用户对数字资料服务的日益增长的需求。图书馆可以采用信息技术手段，打造一套高效的电子阅览室管理系统。这个系统需要集成各类功能，包括读者上下机管理、终端访问权限管理、消息发送以及自助打印等，为读者提供全面的服务。

通过对读者上网行为的数据分析，图书馆可以更好地了解读者对电子资源的需求和使用情况，进而利用这些信息制定更科学的资源服务策略，提高图书馆资源的利用率和服务质量，满足读者的需求，加强读者的体验感并提高满意度。

（4）资源服务系统

数字文献服务系统和数据库厂商自有的系统软件都可以作为资源服务系统的组成部分。目前主流的系统实现方式是利用浏览器／服务器（B/S），在这种模式下，用户可根据自身需要进行配置和管理。

（5）网络信息安全系统

如今，随着电子阅览室的普及，随之而来的网络安全问题也日益凸显。为了保障读者在电子阅览室的上网安全，应当加强对读者的上网行为和资源使用的安全监控和防范，建立一套完善的网络信息安全系统。同时，图书馆也应该考虑引入新的技术来提高安全防护水平，如入侵检测、防病毒等措施。这些方法可以有效保护读者的个人信息和数据安全，以及保障图书馆信息资源的完整性和安全性。倘若无法得到有效的安全保障，不仅会对读者的知识获取造成影响，也会给图书馆的声誉带来负面影响，因此此事十分紧迫。

防病毒系统：为了应对各类病毒、黑客攻击行为，图书馆需要在计算机终端和服务器上部署一套高效的防病毒系统，以确保系统和数据的安全性和稳定性。

危险网站屏蔽系统：通过上网行为监控系统和网址／网页内容，过滤和屏蔽掉危险的网站，读者可以在有序可控的上机环境中享受安全健康的上网体验。

作为提供互联网访问服务的机构，图书馆有责任在必要时与公安机关或相关部门合作，对上网信息进行检查，并特别关注上网信息的记录和保留功能。同时，也不能忽视网络环境中用户的个人信息保护问题。根据相关规定，备份访问记录的时间至少为 60 天，以确保数据的完整性和可靠性。

当下，有近 30000 个公共电子阅览室的建设已在文化和旅游部与财政部的联合推动下完成。数量庞大的电子阅览室也带来了更大的信息泄露的风险，为保证公共电子阅览室安全运行，图书馆应当加紧建立一套完善的公共电子阅览室管理系统。

2. 馆内自助服务

馆内自助服务可以更好地帮助图书馆实现更高效的服务体验。在电子商务时代，人们对个性化和便捷化的需求日益强烈，自助服务逐渐成为企业或个人获取商业信息、实现自我价值的一种重要手段，也正因如此，当下越来越多的行业正在采用设计合理、运行流畅的自助服务，以提升服务效率、优化人员配置、改善用户体验。

除了提供基于互联网和移动网络的远程自助服务，图书馆也为到馆读者提供各种形式的服务，以最大程度地满足读者的需求。像自助办证、自助借还书等，这些都可以极大地提升图书馆的工作效率，优化和提升读者的借阅体验。

馆内提供的自助服务系统种类繁多，主要包括以下 3 种。

（1）自助办证充值系统

目前国内绝大多数的图书馆已使用自助办卡机办理读者证及缴费业务，读者可通过自助办证充值系统，无须任何人工干预即可轻松办理读者证。通常情况下，读者需要借助身份证在设备上进行身份验证，以确保身份的真实性。当读者身份确认成功时，该证件信息会被存入读卡器内，由读卡器将其存储到数据库中。之后再借助二代身份证就可以轻易地完成自助办证和发证的操作。此举将极大地提升读者的感官体验。

读者在自助办证充值系统的帮助下，不再受到办证排队等候、填表拍照等各类项目的困扰，从而可以大幅减轻图书馆的工作负担，提高办证效率。

（2）自助借还系统

自助借还系统极大地改善了当前互联网的服务效率，实现了对流通文献的借还操作，使读者无须到柜台排队等待。自助借还系统的关键在于解决文献信息读取和状态写入的问题，而在文献信息识别方面，已经推出了 RFID 技术，RFID 是一种基于射频信号的非接触式自动识别技术，具备防水、防磁、耐高温、长寿命和高读取距离等优点。RFID 标签所包含的信息涵盖了馆内标识、电子商品防盗系统（EAS）的电子防盗位、馆藏地、条码号、流通控制状态以及应用类型等多个方面。利用该系统可以实现图书馆自动化管理与读者自助借还服务相结合，提高工作效率，降低馆员工作强度。自助借还系统主要由四个构成要素组成，分别是读者自助借还子系统、标签转换子系统、门禁子系统和其他辅助子系统。

读者自助借还子系统：自助借还子系统的使用不仅提升了用户的借阅体验，也为图书馆的管理带来很多帮助。首先，自助借还机和 24 小时室外还书机可以在不需要人工干预的情况下，完成流通资料的借出和归还工作，大大减轻了馆内工作人员的工作负担，让工作人员能够更好地专注于为读者提供更精细的服务。其次，自助借还机也可以快速准确地统计图书的借还流量、读者的借还情况等数据信息，为馆内的图书管理、服务质量评估等工作提供更为实用的数据支持。最后，24 小时室外还书机的使用为那些繁忙的读者提供了更为方便的借还方式，不再受到馆内开放时间的限制，大大提高了馆外借阅的便利性，提高了读者的参与度，推动了馆内文化事业的发展。可以说，自助借还子系统的使用为图书馆提供了一个全新的智能化思路，为图书馆的管理和服务做出了积极的贡献。

标签转换子系统：借助该系统可以实现 RFID 标签与条码的快速转换，以完成图书标签的初始化加工。

门禁子系统：门禁子系统可以用于确保流通资料的安全性，实现防盗和监控。

（3）自助复印系统

自助复印系统指的是在联网环境下可以帮助读者开展自行打印复印的系统。自助复印系统具有方便快捷、费用低廉等特点。读者无须担心时间限制，只需找到自助复印点，即可享受无限制的自助复印服务，这不仅大大缩短了读者的等待时长，同时也保护了读者的隐私。

自助复印系统应当实现对使用者、使用时间、复印费用的精准把控，同时进行数据存储和报表生成，以便于管理和统计。

3. 多媒体显示及导引

与读者建立有效的信息交流渠道，确保图书馆信息能够及时呈现，是提升图书馆服务质量、提升读者满意度的重要手段。对于来馆的读者而言，在室内外设置一块电子显示器，可以以直观的方式向他们呈现各种通知通告、导引信息，进而极大地改善他们在图书馆的阅读体验。目前，随着技术的不断进步，电子显示屏已经从最初的单色三色和低分辨率屏幕进化为全彩高清 LED 屏幕，其展示效果得到了更加精细的优化。

对于基层图书馆这样屏幕数量较多的场所，使用专用的多媒体信息展示系统可以更便捷地进行信息发布，还可以增加其显示形式的多样性，从而形成一个动态的信息推送和宣传展示窗口。

（1）多媒体显示系统

多媒体显示系统主要由架构服务器、管理控制端、多媒体播放器、显示终端四个模块构成。如图 3–4–1 所示为多媒体系统的整体架构。

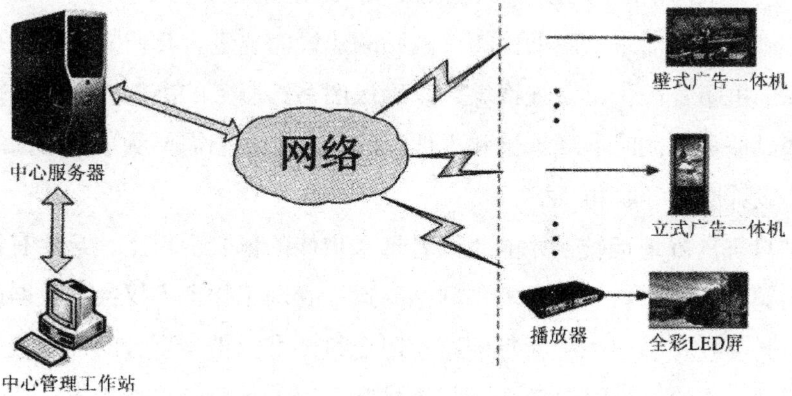

图 3–4–1　多媒体显示系统的架构

（2）建设原则和要点

系统的建设应当以确保系统的高效运行和稳定发展为前提，在设计时，要从实际出发，结合自身特点选择合理的方案，从而达到预期目的。以下几个方面可供参考。

①在确定图书馆布局和业务需求的基础上，确定最佳的展示点位，最大限度地减少对建筑物本身的改动，并预留足够的空间用于扩展。

②为了确保馆区装修的设计与软装修的风格相得益彰，系统必须确保能够支持多种不同的显示终端。

③最大化利用现有的有线和无线网络，并将其与现有的终端显示设备进行集成。

（三）信息化远程服务

通过多媒体信息技术，图书馆可以构建出一套远程服务系统，从而突破传统服务的时间和地域限制，进而实现高效、便捷、快速的服务效果。在网络环境下构建远程服务体系具有重要意义，它不仅能提高读者对图书馆资源信息的利用率，还有利于优化高校图书馆的整体形象。图书馆的远程服务主要包括以下几种不同类型。

1. 图书馆门户网站

图书馆门户网站是一座连接图书馆和读者的桥梁，为读者提供各种在线服务。图书馆门户网站不仅是一个提供各类服务信息的平台，更是一个为读者展示多元化服务的重要平台，能为用户带来更加丰富的信息体验。

为了满足实际需求，图书馆门户网站的建设需要进行合理的架构设计，包括入馆指南、电子资源、馆藏查询等，以确保图书馆服务的高效性。为了提供简洁易用的网站服务，同时展现本馆和本地区的特色，我们需要从用户界面的角度出发，精心设计网站导航和风格。

网站只有良好地运转，才能为读者带来最佳的体验。但是，只要有使用就一定会有问题和故障。如果不够重视网站的运维管理工作，不仅会导致网站访问速度变慢、易受攻击和服务中断等问题，还会给图书馆带来巨大的经济损失和声誉损害。因此，在设计网站时就需要从维护和管理的便捷性方面出发，注重可维护性，确保网站的平稳运行。

2. 虚拟参考咨询系统

为了满足读者在图书馆资源、图书馆服务、学科专业知识等多个层面上的需求，图书馆需要建立一个虚拟参考咨询系统。读者在使用虚拟参考咨询系统时，拥有极大的时间和空间优势，可以在任何时候、任何地点向图书馆提出自己的问题，无须亲自前往图书馆即可得到自己所需要的信息，这样可以为读者提供更方便、快捷的服务。因此，建立一个虚拟参考咨询系统，不仅可以提高读者的满意度，也可以减轻咨询中心的工作压力，提高图书馆的工作效率和服务质量，是一种可行性极高的方案。

3. 在线文教培训系统

随着我国经济发展水平的提高以及公民文化素质的提升，人们对精神生活质量的要求越来越高，对文化需求也日益迫切，这使得开展在线文教培训成为一种必然趋势。在线文教培训作为图书馆社会教育功能的拓展，可以更好地向社会、向读者推广宣传图书馆现有的文教培训内容，提供丰富的在线文化信息和活动，从而更好地实现其功能。

二、数字环境下的新型图书馆业务平台建设

（一）数字资源采集加工系统

1. 资源采集与加工平台的构成

依据加工资源类型的不同，资源采集与加工平台可被分为两类，一类是用于采集和加工纸质文献的平台，另一类则是用于采集和处理音视频文献的平台。

纸质文献采集与加工平台：该平台专注于数字化加工生产纸质资料、缩微品和特殊文献，包括图书、期刊、报纸和少数民族文字文献等。

音视频文献采集与加工平台：该平台主要用于数字化加工生产音视频资料，涵盖音频和视频两大领域。

2. 业务流程

无论是以纸质形式呈现的文献，还是以音视频形式呈现的文献，根据其使用目的的不同，都可被划分为长期保存级和发布服务级。长期保存级的设置目的就

是长期存储文献资源，因此要确保文件的数字化质量达到较高的标准；发布服务级主要针对用户的需求进行开发，具有针对性强、个性化程度高等特点，因而在数字图书馆建设中的应用更为广泛，其数字化质量的标准相对较为宽松。通常情况下，长期保存级和发布服务级的数据采集和加工过程基本相同，主要包括以下几个环节。

内容采集：内容采集主要是为了获取各种类型的原始资源，应挑选那些需要被数字化的资源。

压缩转换：压缩转换主要针对的是服务级资源，通过采用文件压缩软件，将长期保存级的资源进行压缩转换，并根据需要设置输出格式，以达到减少储存空间的数据压缩效果。

内容标记：内容标记指的是在每个数字文件上都添加描述性的元数据，并利用元数据来描述数字对象与其附属物之间的相互关系。

数据保存：在数据保存方面，可以使用光盘或硬盘作为保存介质，其中长期保存级备份至少三份，而发布服务级则只需要准备一个备份。

（二）发布与服务系统

在图书馆信息化建设中，构建资源的发布与服务系统是一项至关重要的任务，它不仅是图书馆信息化建设的具体体现，更是衡量图书馆信息化建设成效的重要标尺。在信息资源服务中，资源发布是至关重要的一环。它将各种类型的信息资源进行加工，以实现对发布资源的有效管理，从而使用户获得更好的使用效果。

资源发布与服务所牵涉的资源类型繁多，包括中文图书、报纸、期刊等多种形式；资源的来源路径也有很多，涵盖自建、征集以及外购等多种渠道；不同的资源呈现方式也是不一样的，包括书籍、图片、音视频等多种形式。互联网技术的不断进步促使云计算与各行各业的结合愈发紧密，因而使得各类异构多源的信息资源不断增多，并逐渐成为一个庞大而复杂的大系统。在面对各种异源数据时，为了满足读者门户平台等多个平台的需求，图书馆需要对这些资源进行一体化的封装和统一发布。

（三）统一用户认证系统

随着图书馆信息化建设的持续深入，图书馆内部已然出现了多种不同类型的信息系统，用以服务读者，以及协助图书馆开展日常工作。但这些系统在使用过程中都需要完成账号密码的登录，来进行个性化的用户库管理和认证授权，这样做不仅不方便管理，而且会出现用户需要多次注册和反复登录以访问不同的系统的情形，这与图书馆为读者提供方便的服务理念背道而驰。为了应对上述问题，图书馆应当开发建立一个统一的用户认证系统，借助该系统可以将图书馆中各个系统的信息数据库整合在一起，这样不仅可以整合资源，避免资源重复带来的数据库空间浪费，还可以方便读者和图书馆的工作人员。

在建设统一的用户认证系统时，需要特别关注以下几个方面。

稳定性：为了确保多个应用系统的稳定运行并满足多位用户同时使用的情形，统一用户认证系统必须具备出色的防错和抗错能力，以保障各系统的正常运作。由于系统在运行过程中与其他系统频繁进行数据交换，因此在系统建设之初，就需要为系统配备检测以及修复等功能，以确保在高强度、高密度的数据交换过程中不会出现异常。统一用户认证系统是一个略显开放的系统，其安全性主要由各系统自身来保障，因此需要确保与其连接的各个系统的安全，以保障统一用户认证系统的安全性。

系统性能：系统的处理能力和快速响应能力必须达到足够的水平，以确保系统的高效运行和稳定性。在考虑图书馆应用系统实际情况的基础上，在保证服务质量的前提下，尽可能地降低服务器集群负载率，提高系统资源利用率。

易用性：易用性指的是该系统方便易用，读者都能轻易上手使用。为了方便读者的使用，图书馆的统一用户认证系统界面应该尽可能地清晰，操作方式也需要尽可能地简洁，能够符合各个年龄段读者的操作习惯。最好在服务界面上设置一个位置较为显眼的用户指南，用以为读者答疑解惑。

数字图书馆推广工程的实施，促进了多地图书馆统一用户认证系统的建设，为数字资源的共享提供了全新的途径。图书馆集合多地、多种的数字资源，用户可以快速便捷地获取所需的信息资源，这样可以更好地促进知识交流和学术研究的发展。

（四）触摸屏电子阅读系统

目前，图书馆在为读者提供各类阅读服务方面有了一种新选择，那就是引入触摸屏电子阅读系统，该系统不仅包含触摸屏设备，还包括为其所配备的相关软件，借此可以很好地满足读者的阅读需求。其具有多种功能和特点，主要包括以下几点。

①触摸屏电子阅读设备与智能手机非常类似，因此读者无须进行任何培训，上手极快，只需轻松操作触摸屏，即可获取所需资源并进行浏览。

②触摸屏提供了多种操作方式，包括触摸、点击、翻页以及缩放等功能，非常方便快捷。

③借助互联网能够实现资源的自动更新。

④触摸屏可以根据图书馆的实际情况进行选择，精选出最适合的设备型号和系统功能。

（五）新媒体服务

新媒体（new media）是随着科技进步出现的一个新兴概念，通常指的是有别于传统媒体，在传统媒体之后兴起的、全新的媒介形态。图书馆作为传播文化知识的重要场所之一，同样也面临着新媒体技术的挑战，加之读者需求的不断增加，因此图书馆也开展了新媒体服务。图书馆的新媒体服务是一种基于互联网、无线移动网络等多种先进技术打造的服务模式。这个模式的应用推广，打破了以往传统图书馆的服务范围，拉进了图书馆与读者之间的距离，帮助读者更好、更方便地获取其所需的相关资源。

1. 图书馆新媒体服务的主要形式

当前，图书馆所提供的新媒体服务种类繁多，主要包括以下几类。

（1）短彩信

图书馆最初采用的一种新媒体服务模式就是通过短信和彩信相结合的方式，向用户提供服务。通过与移动通信运营商的合作，图书馆得以向注册读者发送各种信息，便于读者知晓近期图书馆的活动安排；同时也可将图书馆内各种资源数据发送到用户的手机上，方便用户自行下载。通过进一步加强图书馆业务系统与短信网关的无缝对接，读者还可以向图书馆发送短信，进行预约等申请，进而体验高效便捷的服务。在图书馆应用中，短消息以其方便灵活和成本低等特点受到越来越多的欢迎，成为图书馆信息化建设的一个重要组成部分。如图 3-4-2 所示，为短彩信服务系统的流程。

（2）微信公众号

对于图书馆而言，微信公众号是一种极具适用性的新兴媒体服务平台。相较于使用短信服务和彩信服务，微信公众号依托于微信这个大平台，不仅可为图书馆节省硬件和软件开发成本，还能够覆盖到绝大多数的用户群体，并且通过微信公众号推送消息的方式还可以避免移动运营商收取通信费用。同时，在微信公众号平台上，用户可以随时获取并查询所需的各种服务信息。

图书馆可以借助微信公众号的推送功能发布相关信息，并制作内容充实、配图精美的优质文章，以实现推送内容通过微信公众号在用户群体之间的广泛传播。在推送内容的选择上，可以考虑当前热点话题，或是优质好书分享等方式来达到最佳效果。

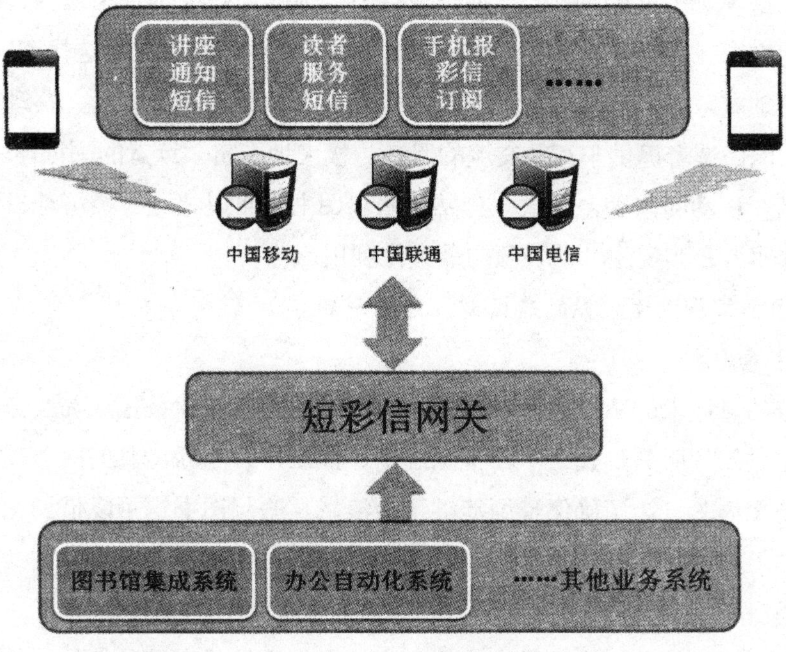

图 3–4–2　短彩信服务系统

（3）手机应用程序

手机应用程序类似于图书馆的门户网站，也能够为用户提供丰富的信息服务、资源检索服务和浏览服务等，可以更好地满足用户的多样化需求。手机应用程序作为一种新型信息载体，具有独特的优点，但目前国内图书馆普遍存在缺乏专门面向读者开发或设计的应用程序。当前我国手机的普及率非常高，几乎做到了人手一部手机，手机应用程序的打造，可以让图书馆服务覆盖到绝大多数的用户。因此，各大图书馆应当重视手机应用程序的开发，在开发过程中，一方面需要注重资源建设，另一方面更需要精心打造服务，可以同时考虑离线服务和在线服务两种形式，以满足不同用户的多样化需求。相对于图书馆的门户网站而言，手机应用程序更加方便，用户可以选择下载文献资源、音视频等，储存于手机中以供离线使用。手机应用程序同时还能实现电子阅览室与图书馆之间的互动，便于读者随时随地获取馆藏资源信息。

（4）移动阅读平台

随着图书馆推广工程持续深入的推进，移动阅读平台也随之应运而生，它主要采用的是 WAP 网站的形式，进而为全国各地的用户提供资源服务，满足读者借助移动终端开展阅读的想法。移动终端用户可以在平台设置中选择不同的版面，进而便捷地获取各类信息服务，满足不同读者群体的需求。同时，移动阅读平台也为广大网民读者提供了互动交流的服务，极大地丰富了读者的阅读体验。

通过在移动阅读平台上建立分站，基层图书馆可以快速、经济地打造自己的移动阅读服务，实现图书馆资源的最大化利用。

2. 图书馆新媒体服务的建设需注意的问题

（1）复用性

随着信息技术的不断进步和普及，图书馆的信息化建设已成为当务之急，应探索更多创新的服务形式，不断推陈出新，满足用户不断增长的服务需求，提升用户的使用体验。为了确保资源能够不被浪费，基层图书馆可以借助上级图书馆的资源和平台，开展新媒体服务。

（2）移动资源格式的转换

当前市场上的移动终端类型多样，它们在屏幕显示以及所能处理的文件类型等方面存在差异，因此需要针对不同的终端，开发出一套能够进行数字资源格式相应转换的平台，进而满足不同终端群体的需求。

第四章　基层公共图书馆基础服务

本章的主要内容为基层公共图书馆基础服务，详细论述了图书馆信息、知识及信息检索服务，图书馆读者、沟通与参考咨询服务，基层公共图书馆服务体系的构建。

第一节　图书馆信息、知识及信息检索服务

服务质量对公共图书馆的生存以及发展会产生直接影响。大数据时代，公共图书馆应该不断地融入创新思想，真正地跟随时代发展的轨迹，做到与时俱进。本章将重点探讨公共图书馆如何发挥基本服务功能，保证服务质量稳步提升，树立优质的品牌形象，实现可持续发展。

一、图书馆信息服务

（一）图书馆信息服务的内容

通常情况下，信息服务的主要内容有以下几点。

第一，信息资源开发服务。在标引和加工等工作中，信息资源开发也是主要的目的。随着人类社会的不断进步，社会信息化发展的趋势也逐渐明显，因此在公共图书馆建设工作中信息资源开发工作十分重要。许多表面看来没有价值的资料在经过合理地收集和整理之后都能发现其内涵，信息资源开发的实际意义就在于此。由此可见，信息资源开发服务是信息服务的基础性工作。

第二，信息加工和发布服务。对于用户而言，很多信息都是不能直接利用的，随着信息时代的到来，信息泛滥已经成了普遍的现象。因此图书馆要加工整理泛滥的信息并及时发布加工后的成果，这样才能更好地为公众提供信息服务。

第三，信息提供与使用服务。在经过前期的信息收集、加工和处理工作之后，

图书馆就要将信息提供给用户，为用户提供信息供给和使用服务。用户通过使用相关信息可以解决在工作、生活和学习中遇到的问题，这也是公共图书馆信息服务能够推动社会发展与进步的原因所在。

第四，用户信息活动。用户的学历、工作、知识结构和兴趣爱好各不相同，在把握和利用信息的能力上也有所差距，因此公共图书馆应当积极组织信息活动，提高用户的信息利用能力。

第五，信息传递和交流服务。传递与交流是信息的重要特征，缺少这一特性，信息也就没有存在的意义。也正是因为这一特征，世界各国才能分享和交流学术研究成果。信息如果不能传递也就失去了其价值和意义，更无法发挥其作用。

（二）图书馆信息服务的未来走向

在未来的一段时间内，图书馆信息服务的主要模式必然是集成化模式。作为一种服务方式，集成化信息服务应该注重信息资源集成的要点，这是最为基础的任务，同时应结合用户的基本需求和信息技术的发展，确保信息服务更加到位。网络环境的影响，让图书馆的多种资源有效地集中起来，信息载体也发生了明显的转变，从传统的形式转变为新颖的形式，通过对计算机技术和通信技术等科学的使用，确保了信息资源得以有效地整合。图书馆通过 HIM、XML 和 PHP、JSP 等动态 Web 技术，使得全球的信息集合到一起，满足了广大用户的具体需要；利用智能检索、远程提交等多元化的手段，使得用户能够获取到更多的新型服务。

未来，图书馆的信息服务必将越来越个性化。图书馆信息服务需要重点解决的问题涵盖了信息资源如何高效地获取、用户个性化需求得以满足的方法等。个性化信息服务的重点是关注用户的中心地位，是对用户的需求进行引导和培养。在这一过程中，需要对用户的个性化需求予以充分的尊重，通过主动服务、双向沟通等方式提升用户的满意度，此类服务模式和图书馆所秉承的“用户至上”的基本理念相契合。其能够全面地分析出用户的具体行为习惯，制定出科学的策略，确保用户获取更为理想的专项服务，真正地满足实际的信息化需求。在这种服务模式下，用户可以根据自身的兴趣爱好来搜索和存储相关信息。

图书馆个性化信息服务中，较为可靠且科学的技术主要包括信息推送技术、网页动态生成技术和 Web 数据库技术等。在信息技术飞速发展的新背景之下，图书馆的信息服务得以有效地改善和优化，智能推送技术和代理技术等技术的发展，成为当前备受瞩目的焦点。在提供个性化服务的专项技术中，智能 Agent 技术受到重视，其能够通过可靠的手段确保对智能化信息进行科学的分析，使用户的个性化需求得到满足。社区化属于图书馆信息服务十分明确的发展趋势，也是图书馆馆员努力追求的管理目标。但是，要想实现社区化，就必须借助先进技术的优势来对服务进行拓展，将图书馆的作用发挥到极致。而且，与其他信息机构相比，图书馆的信息人才、资源以及技术优势更加明显，完全有条件进行网络和信息资源保障体系的构建，为社会和社区提供优质服务。在社会信息化的程度日益加深的进程中，人们在城市生活中对于信息的需求也在日益增长，西方国家的相关机构为了让社区信息服务飞速地发展，采取了多种多样的方式落实实际的行动。结合我国国情分析，因内容和适用范围的限制，图书馆的信息服务还需适当地结合具体情况加以考量，需要将满足社区对社会文化信息、实用性信息等的需求作为判断的标准。社区信息需求重点是对服务的需求，图书馆属于专门的社会文化机构，其基本的职责就是为公众提供相应的服务。

信息服务的生存和发展应该将创新视作灵魂。图书馆应该合理地把握网络发展的重要契机，真正地强化实际的创新精神，不断地形成基本的共识，开创信息服务的崭新局面。网络让信息分布式存取获得了相对便利的条件，用户能够及时地调取相关的资源，同时实现对全球信息科学地利用。可见，信息资源的直接占有性较为薄弱，信息获取和使用能力的重要性日渐凸显。图书馆服务应该重视最基本的原则，将用户摆在最为关键的位置，确保工作的开展能够拥有相应的重心，实现对现实资源和虚拟资源的科学整理。此外，还应该准确地判断网络环境中的信息服务特征，将此作为重要的基础，合理地调整以及创新，让相关的理念能够融入服务提供的全过程，如技术创新和方式创新等。

未来，图书馆信息服务还会逐步地提升分布式协作的基本力度。只有确保各个馆舍相互协作，实现密切地交流，才能更好地结合当前时代趋势实现有效定位，综合考量多种学科和地域的复杂多样性，让用户的信息需求得到满足。分布式协作模式的顺利实现，更加重视现代化技术的科学使用，以此为相关系统的构建创造良好的条件。当前，国外已经积极地创建了富有代表性的服务模式，主要是以协作数字咨询服务（CDRS）为代表，但是国内仅有少数图书馆参与到其中。将来，图书馆信息服务的发展势头会更加迅猛，会受到更多的关注。图书馆属于信息资源的集散地，其与其他的信息服务企业存在着相同之处，因此需要在实际开展活动时遵循合理的营销理念，最为重要的一点便是及时地满足顾客的需求，这与图书馆秉承的用户中心原则一致。图书馆中应合理地运用营销理念，积极地推行更为适宜的战略，确保图书馆能够打造出优质的形象，强化用户对于信息服务的实际归属感。"让用户成功"的信息服务方式呈现出基本的开放性特征，同时也处于一种动态化发展进程中，因此将提升用户成功率视作基本目标，最为关键的一点便是发展附加值服务。服务质量的基础便是产品质量，只有让产品质量得到较为可靠的保障与支持，才可让服务的价值获取较为理想的支撑。信息服务能够有效地强化能力营销的地位，如创造能力和用户信任度等，这样才可以将图书馆的基本服务优势彰显到位。同时，信息服务还应重视内部营销，结合内部员工具体需求展开判断，确保其落实本职工作，及时地达到用户需求程度。

二、图书馆知识服务

（一）图书馆知识服务的发展历程

1. 传递知识载体的文献服务

图书馆文献传递服务的内容随着图书馆的不断发展而得到丰富。例如，图书馆的导读服务和馆内借阅服务能够让用户进行文献检索。但是图书馆的服务重点一般放在纸质文献的提供上，如图书和期刊等，用户需要亲自到图书馆阅读或借阅才能获得相应的资源。服务重点是以浅层次的服务作为主要模式，局限在检索和借阅服务上，实际需要的材料是本馆的内容，服务手段较为落后，多是采取手工操作的方式，图书馆工作人员对用户进行服务，工作效率并不理想。

2. 提供知识检索的信息服务

因为信息技术的广泛运用，图书馆在开展相关工作的时候，开始重视对计算机管理系统的使用，对书刊的采购和检索等开始体现出信息技术的优势，手工操作的局限被打破，实现了向自动化操作的过渡，使文献传递的基本效率明显提升。在此过程中，文献传递的基本范围和内容得以拓宽。图书馆信息类型相对多元，呈现出复合式特点，除具备传统印刷型的文献外，还涉及很多电子型资源，如网络信息和出版物等。用户可以依照自身的需求，及时通过线上途径合理地选择一些对应资源，保证将数字资源利用到位，满足自身的实际需要。图书馆可以实现为多位用户同时服务的目标，让用户的实际需求得到及时的满足。

3. 个性化交流的知识服务

用户能够借助于网络信息化的手段和相应的平台及时地完成远程访问，通过科学的使用数字化的资源，打破原有图书馆服务模式的限制。图书馆更加看重的是一站式服务和个性化知识服务，通过科学的使用多样化的技术手段，促使虚实结合成为可能，让传统服务和网络服务共存，在合理化的组织以及导航实践中，完成知识服务的基本目的。个性化服务的存在，让用户的中心地位得以体现，借助于信息和知识的搜寻以及组织等过程，依照不同用户的基本特征，提供有效支持知识应用和创新的服务活动。

（二）图书馆知识服务的发展趋势

1. 形成知识信息重组再造、创新与发布中心

传统图书馆对知识信息的收集与整合等方案无法满足现阶段人们对信息量的实际需要，难以满足人们对信息的基本诉求。为让信息的增长速度更加理想，迎合人们高质量的信息服务需求，需要图书馆积极地转变自身的思想，稳步地扩展信息来源，促使馆藏的资源量可以明显提升。通过科学的使用当前图书馆内部的相关知识资源和人力资源，达到对现有资源科学总结和提炼的目的，确保能够逐步地形成自主特性的知识，这是较为可靠的方法。应该积极地关注在新知识形成了特定规模后所产生的影响力，图书馆的主要作用之一便是作为知识信息发布的重要载体，便于用户及时查阅和使用多种信息资源，通过对图书馆进行合理化的完善，有效地构建富有自主产权的知识信息中心。对于某些用户而言，图书馆本身的知识传递功能十分显著，并且也涉及对应的资源库，体现出理想化的实用价值。

以往的图书馆服务主体和涉及的范围并不广泛，体现出固定性特征，服务的基本内容和具体功能局限性显著，所采取的服务手段也较常规。现代图书馆主要是利用较为科学的技术手段，使得服务能够适当地延伸至多个领域，为多位用户提供对应的服务，使图书馆的传统边界模糊起来。费古逊（Chris Ferguson）发表的《下一代信息服务的集成研究与技术支持》（又名《动摇概念基础》）一文，

阐述了未来是一种多变的存在。下一代信息服务的出现，能够让服务和信息技术完美地结合到一起，真正地落实到相应的工作实践中，确保可以有效地打破空间界限，呈现出一种相对理想的“现场／远程（on–site/Remote）服务模式”。图书馆实际的服务体现出泛在化特征，同时也拥有着特定的服务理念，这让图书馆泛在化服务范围以及相应的内容表现得十分明显。相较于传统图书馆服务，该类泛在化服务让需求变得更加广泛，空间也得以有效地拓展。泛在图书馆实际的特征明显，涉及开放性和网络化等多种多样的内容，服务中需要关注用户实际需要，合理地落实好对应服务，使之与用户科研和学习无缝衔接，确保能够有效地维护多方主体的根本利益。该类模式的出现和使用，使得信息生产者和用户的实际交流更加到位，同时打破了以往的限制，凸显出信息中介的具体作用，依照多种因素的影响力，让信息提供者和用户获取了独立的空间。韩国 LG 釜山盲人图书馆就是较为典型的代表，其重点是运用了泛在技术，主要是为盲人提供专业的服务，确保其能够及时地实现网络上的借阅目标。此类图书馆重点是通过专业化的蓝牙技术和相应的 NFC 技术，让特殊人群的借阅需要及时得到满足，使其真正地感受到理想化的服务，享受到相对平等的图书馆待遇。

采取适宜的方式营造出理想环境，现已成为图书馆服务的重要任务。在泛在知识环境的建设中，图书馆对于来源不同且类型不一的信息加以搜集，实现科学化的保存和管理，可让人们拥有较为理想的信息存取和交流空间。

2．构建开放的、融入用户过程的知识服务与应用平台

知识服务平台的构建属于图书馆稳步发展的重要基础。采取合理的方式构建知识服务和应用平台，可以及时地分析用户反映的实际问题，准确分析用户的具体需要，利用对应的网站信息和多种资源，确保智能知识有效过滤到实处，实现科学的挖掘和推理，如语义网、ontology（本体或本体论）、XML（可扩展标记语言 extensible Markup Langauge）和资源描述框架（RDF）、智能代理（intelligent agent）等，方便用户和图书馆间建立起密切的联系。图书馆也可适当地使用多元化平台，为用户提供针对性服务，使他们能通过可靠的知识资源检索功能，真正地获取到理想化的资源。如 Web Services 技术，重点是将 XML 技术作为主要的基础，对当前多种平台构建起合理的技术层。CNKI 研发的分布异构统一检索平台（USP）能够有效地整合网络资源，通过科学的处理，确保统一

及并发检索时，能够呈现不同的资源，使得人们的多元化需求得以满足。知识服务平台的科学化构建以及合理维护，离不开科学技术的支持，应该依照用户的便捷性需要和服务需求加以分析。图书馆应该彻底地打破封闭观念，从用户的角度详细地分析服务拓展的有利渠道，构建起开放性和完整性的服务应用平台。同时，根据用户当前面临的问题，提出科学的解决方案，确保用户的信息检索和利用能力得以提升，实现对信息的科学化获取、理解和应用。

3. 积极提供面向需求以及适应变化、灵活深入的知识发现机制

图书馆已经对知识的传播给予了高度的关注，将其视作工作的重心，通过围绕着知识展开的服务，明确涉及的相应环境和群体，促使知识组织的作用真正地彰显出来，保证用户合理地获取信息资源中隐含的内容，让用户能够获得更好的服务，真正地实现个人的需求，适应知识服务的灵活性和复杂性。对知识的内容和结构应该进行合理的描述，同时还需要依照用户个人的需求构建起个性化的知识组织体系，妥善地处理面临的知识困境。在 20 世纪 80 年代，随着数据技术的飞速发展，人工智能技术彰显出实际的利用价值，知识发现技术备受关注，被广泛地运用至数据库和知识库的分析处理中，能够真正地将知识和信息串联起来，用以解决实际问题。知识网格属于近些年兴起的重要信息手段，超越多元化技术合力打造的具体平台，一方面能够获取海量数据，同时又能利用技术支撑手段进行知识管理，确保图书馆服务拥有理想的生态空间。

知识服务就是未来图书馆发展的重要方向，在信息化时代，知识服务的出现满足了知识经济时代的具体要求，在图书馆的发展进程中，泛在知识服务的有效实现成了备受瞩目的焦点，现已成为科研教育的有力支持，对于人类社会的发展具有深刻的影响。

三、网络信息检索服务

（一）网络信息检索服务的特点

1. 网络信息检索服务的核心理念是“以用户为中心”

传统图书馆的主要工作是发展馆内的资源。信息检索服务建立在组织的有序化上，通过完善的系统建设来为工作人员提供管理的便利。工作人员的建设和服

务理念比较机械化。对于用户而言，信息检索系统十分复杂，因此使用信息也十分不方便。但是随着社会环境的变化，图书馆建设与服务也逐渐引入“以人为本”的思想观念。尤其是进入数字时代，人人都能凭借高新技术来自由平等地使用信息，因此信息检索服务也应当逐渐转变为面向用户进行建设，发挥其实际价值，丰富其本身的服务类型，提高服务水平。

2. 信息检索服务为用户提供过滤后的信息

在数字时代，信息资源数量激增，图书馆馆藏建设受到网络信息资源、网络期刊等的冲击，人们实际获取资源的方式多种多样，已经转变了以往纸质文献的单一模式，使得数字文献的利用价值得到了充分的体现。在互联网背景下，用户可以适当地借助多元化的信息手段，获取出版的书刊原文，其中涉及的电子版可以进行有效的保存，并在网络上合理化浏览。传统的联机检索系统适当地运用了现代化的技术举措，让相应的服务落实到位，如能够及时地在网络上获取政府以及其他机构的信息。世界各地数以万计的图书馆开始飞速地发展起来，以数据库网络检索服务作为有效的支撑，网络已经构建起了十分明确的图书馆体系。遍布世界各地的互联网终端用户属于信息的提供者，也是信息的使用者。在信息资源不断增长的 21 世纪，通过图书馆信息计算服务，用户能够合理地判断真实信息，使得信息的价值得以体现，这是其他检索工具所不具备的功能。

3. 信息检索服务以信息资源的充分利用为目的

早期信息系统中存在大量信息，这些信息都是经过合理地加工处理之后才储存进系统的。但是这些信息却没有向用户提供便捷的使用服务，用户获取信息十分麻烦。进入信息时代，数字资源的重要性几乎与各种物质、能源等资源齐平，成为十分重要的生产因素，其价值也被公众所认可。为了提升信息资源的利用效率，各图书馆和信息中心已经开发了多样化的信息检索服务，以期发挥信息资源的价值。

4. 信息检索服务是一个有着生命周期的系统

在列维坦（Levitan）的观点中，信息生产的生命周期主要是借助于相应的信息进行有效的记录，以此便出现了对应的信息源。信息源是信息生产生命周期的重要组成部分，通过反映载体和内容，呈现出一种相对理想的联系。在实际运用的过程中，还需要进行不断的确认，通过多种法律以及规定的明确展示，使得信息生产生命周期的制度化阶段得以有效地构成，信息资源便成了具体的结果。在实际收集使用信息的时候，要让较为完整的生命周期呈现出来。在具体运用信息的时候，要明确新信息的存在，实现科学的采集，由此展开新的生命周期。只有将上述过程中所有环节的工作做好，才可以让用户在运用相关信息时，保证以最为有利的时间、地点以及具体的手段方便快捷地获取并使用信息内容。

信息检索服务生命周期重点是自然的生命周期，结合用户需求共同打造出一种抽象模型。具体的表现就是用户实际表达的需求，信息检索服务属于一种利用信息推送过程，结合用户的个性化实际需要进行定制的服务，确保相应的实施成果得以实现。对于部分用户的普遍需求，信息会被分门别类地组织，依照潜在信息需求展开详细的判断，一般会借助于信息系统的价值，让知识库构建到位，以此满足用户的不同需要。用户信息需求在被图书馆馆员感知之后，形成了一个从认识到再认识的良性生长周期。

（二）信息检索服务的作用

1. 系统地组织图书馆信息资源

图书馆提供信息检索服务的时候，需要将馆内资源加以明确，其中涉及网络信息和电子期刊等多种类型的数字信息内容。信息检索服务在组织好的馆内以及馆外资源中，使得资源内容得以合理整合到位，真正地借助信息检索服务的过程，将多种资源加以理顺，保证建设起完善的馆藏结构。

2. 为用户提供系统的信息资源

因为检索人员对于资源的实际熟识度较高，所以在对相关检索技巧的认识中，也能表现出灵活性，可以适当地强化信息甄别的能力，使得用户系统采集文献和资源的目标顺利达成。

3. 信息检索服务是开展深层次服务的基础

进入数字时代，信息资源的开发与利用成为图书馆信息服务的主要内容，图书馆工作人员只有熟悉图书馆的信息资源并能够熟练使用检索系统进行信息应用，才能展开深层次信息服务。

（三）图书馆信息检索服务的步骤

作为公共图书馆，信息检索服务是最为基本的工作，如果这一工作无法完善，图书馆的信息资源建设工作和对大众的服务工作就无法完成。各个图书馆的信息检索服务也要结合本馆的特色以及面对的用户的个性化需求来开展，为公众提供多层次的信息检索服务。信息检索服务的步骤如下。

1. 课题接受阶段

图书馆首先要与用户沟通，细致掌握用户的需求，并根据这些信息来确定本次信息检索服务所需达到的目的。这个阶段是为后续工作打下基础，后续工作能否顺利进行也取决于此。信息检索服务的主要目的就是满足用户的信息要求，帮助用户解决问题。因此在这一阶段，图书馆要精准了解用户的需求，如所需服务的种类、学科领域等。图书馆方要尽可能多地与用户沟通，挖掘用户的需求，从用户的表达中尽可能精确地掌握用户的具体需求，还可以通过文档的形式来记录，便于之后的信息检索服务工作。

2. 了解馆藏，确定信息检索的对象

全面地了解图书馆的信息资源是提供信息检索服务的基础，工作人员只有在深入掌握了本馆资源，并精准把握图书馆的信息资源建设方向与趋势的情况下，才能提供更加精确的信息检索服务。随着社会的不断发展，图书馆的馆藏资源的定义也在发生变化。现阶段，图书馆馆藏资源包括印本文献、网络信息资源、电子资源、特殊媒体信息资源等。印本文献主要有各类型或者通过各种载体形态存在的一次文献，如馆藏图书、工具书、期刊等。而所谓的网络信息资源来源于本馆建立的网络学术信息资源库。电子资源主要有光盘数据库和网络数据库。特殊媒体信息资源则包括磁带、磁盘和多媒体光盘等。工作人员要根据用户的需求，结合本馆的信息资源建设情况和本馆的发展方向确定检索对象。

3. 信息检索

此程序主要是根据接受课题的具体要求，依照基本的步骤运用检索工具进行相应操作，以此保证文献搜索内容更加合理。这个步骤的主要目的是将检索的目标加以明确，确定实际的检索范围并掌握相关的线索。首先，需要对课题开展科学的分析，研究具体文献内容和实际的性质等，同时还需要建立对应的检索主题概念，明确课题中的关键词以及重点问题，并对文献的性质和内容进行合理的梳理；其次，应该依照检索的基本目标，针对主题概念的基本学科性质加以分析，确保学科的具体范围和实际的文献种类能够及时确定到位。在全面分析并解读的基础之上，促使检索线索明显扩大，为合理地制订出检索方案做好充足的准备。具体应该依照课题分析的过程，对学科范围或者是主题范围加以明确，选择适宜的检索方案，采用电子型或者印刷型检索手段，使得检索系统中的内容得以合理地筛选。要注意明确检索工具的基本使用要领，尽可能地选择存储文献较为全面且便捷迅速的检索工具。

在实际工作中，要依照掌握的基本特征和具体线索，根据课题的主体概念和学科范围确定基本的分类途径，得到范围较广的文献内容。如果课题专指性相对明显，可以选择主题途径，方便及时地获取对应的检索内容。在确定检索途径的时候，还应该依照具体的检索标准和工具实际利用情况加以分析，实现科学化的综合考察。

另外，也应该重视文献检索的基本目标，主要是借助于相应的线索获取原文内容，依照国内图书馆的基本情况详细地判断，了解获取原文的有效途径，借助复制等途径获取对应的资源。针对选中的文献线索，必须要将相关的信息加以记录，如著者姓名和出处等，方便更好地寻找并获取原文。

4. 分析整理

经过文献检索阶段后，工作人员已经将所需资料汇集起来。但是这个结果只是信息检索服务的粗略结果，工作人员还要根据用户的需求来筛选和整理相关信息。例如，对于科技查新工作，工作人员应当将检索出的文献结合用户的需求进行及时的分析，并与课题所主张的思想和认知继续对比。如果文献数量比较多，工作人员还要进一步筛选，这样才能让信息检索服务更符合用户的需求。通过以上分析也可以看出，这部分工作要求工作人员有极强的工作能力。

5. 结果提交阶段

整个信息检索服务的最后阶段就是将检索结果，包括文献和分析报告，通过电子邮件等形式提交给客户。之后工作人员还要接受用户的反馈，跟进用户的进一步需求，了解用户对服务的满意度。

不同的图书馆的建馆条件、实力以及所服务的对象群体都有所差异，因此提供信息检索服务的方法和方式也是不同的。对于大型图书馆而言，其能够及时地将系统化的服务模式构建到位，让读者享受专业化的文献服务，获取自己所需的、成体系的检索内容，方便地实现检索目标；中小型图书馆则可以通过特色化的信息检索服务来优化自己的服务体系，实现自己的价值。

第二节　图书馆读者、沟通与参考咨询服务

一、图书馆读者服务

（一）图书馆读者概念

图书馆属于相对明确的概念，其属于文献需求和对应阅读标准的主体，可以让用户获取最为专业的服务，为用户提供更为丰富的阅读资源。图书馆读者属于相关服务提供的重要主体，是具体活动的参与对象。图书馆也可视作一种宣传教育机构，其各项社会服务功能均应该结合读者的需求展开判断。所以，读者成了享受图书馆服务的重要主体，

读者的阅读活动也会受到图书馆工作的影响。此外，读者在运用图书馆的各类资源时大都表现出极强的自主性。某种程度上，读者才是图书馆的真正主人，图书馆的资源建设和业务开展都要以读者为中心，图书馆的内容和规模也要根据读者的实际需求来进行分析设计。图书馆建设和提供服务要充分尊重读者的自主意识，向读者提供更为专业的服务，确保读者的需求能够最大限度地得到满足。图书馆的读者群体数量庞大，且来自不同的领域、不同的年龄段，涉及多种类型，属于相对广泛的社会群体。一般图书馆读者可以划分为现实读者以及潜在读者。现实读者属于图书馆活动真正互动的主体，潜在读者则是有着阅读倾向，但是并未付出实际行动的主体。

我们应该关注到图书馆的定位。图书馆虽然属于社会知识交流的重要渠道，但是实际的交流功能仍未最大化地彰显出来。即使在相关事业飞速发展的发达国家，此类功能的展现也有待加强，甚至还反映出程度不均的问题。图书馆人员应

该清楚地认识到服务方式由被动转为主动的具体途径，同时还应该为用户提供针对性的服务，使其可以真正地参与到社会知识交流的过程中，让文献信息的流动更具科学化，以此调动潜在读者的积极性。

（二）读者服务方法

1．文献外借服务

外借服务本身就是图书馆的传统服务模式，其为了更好地满足读者的实际需求，主张读者可以在允许的条件下将馆藏文献带离图书馆，在外实现自由地阅读和独立地使用。因为此类方式让读者获得了便利，满足了读者时间和空间的阅读需要，所以这种外借服务模式备受好评，是读者乐于接受和欢迎的手段。“自由安排，独立使用”属于外借服务较为突出的特征。在图书馆多种服务方式之中，这是一种不可或缺的手段，其具体的价值十分明显。

2．文献阅览服务

阅览服务为图书馆的另外一项服务内容，在具体提供该项服务的时候，应该重视其基本的原则，需要明确这是图书馆工作的“前哨”之一，属于读者借阅书刊资料的重要形式。积极地开设阅览服务，能够明显地提升馆藏文献的基本利用价值，在阅览室中，读者也可深刻地感受到工作人员的辅导及帮助。

3．复制服务

复制服务就是以文献复制为基本途径，有效地传递文献资料。这是一种新型服务模式。人们在学习和研究过程中常常需要收集相关参考资料，很多情况下也需要长时间使用某些资料。但是由于种种原因，图书馆的资料往往不能长期借出，而读者也不可能花费大量时间去抄写。

复制服务则很好地解决了这个问题，实现了文献传递速度的提升，提高了文献的利用率，满足了读者对特定文献的占有需求，节省了读者获取文献资源的时间和精力。

文献复制服务具备很多优点，也能在实际工作中发挥较大作用，因此复制的手段也在不断变化，从传统的手工抄写复制逐渐发展为静电机械复印等，这些方法都曾用于图书情报部门。目前常见的复印方法是电脑存储复印。

4．咨询服务

咨询服务是指图书情报部门依照读者提供的疑难问题，借助于对应的途径和检索工具，获取文献资源并反映出相关的内容，帮助读者解决实际的难题，属于一种可靠的服务手段。

5. 检索服务

检索服务重点是依照读者研究课题的基本需要，严格地按照标识系统和基本途径，在大量的书目和索引中找到相关的文献内容。检索服务的本质就是文献资源的搜索服务，其属于一种科学活动开展前的重要劳动形式。积极地开展检索服务，可以保证读者的精力和时间被有效地利用起来，在一定程度上还能合理地节省资源，拓宽具体的研究领域，科研人员也可在短时间内获取到更为丰富的信息。因此，科研工作高度重视检索服务，同时这种检索服务也影响到科研活动的开展成效。

6. 定题服务

定题服务是指图书情报部门依照经济建设的基本需求，结合科学研究工作实际进展选择重点研究的课题，根据待解决的相关要点展开合理的分析和判断，逐步地深入并一探到底，同时提供对口性文献资源，让用户获取相应的服务，使得课题研究得以完成或者关键问题得以解决，此类服务方式也被称作跟踪服务和对口服务。

7. 报道服务

报道服务也是重要的服务内容。从广义的角度上分析，这是图书情报部门合理地使用相关的工具，使文献阅读者能够及时地获取文献信息的方式方法；在狭义的角度上判断，报道服务是图书馆情报部门运用相应的报道刊物，通过二次文献和三次文献的索引及简介等，明确文献资料的实际组成内容，也属于专门意义层面的报道服务方式。

8. 展览服务

展览服务主要是利用陈列展览的科学化举措，使得图书文献的服务得到有效的传播。借助丰富可靠的书刊资源，使得读者能够及时地感知到相关的信息。这种方法有效地拓宽了宣传的范围，报道的内容较为具体，可借助直观的手段，促使文献资源得以合理地利用到位，方便读者在短时间内浏览和选择，节省了相应的时间，收获了圆满的成果。

9. 编译服务

编译服务是指图书情报部门结合社会的具体需要，代替读者直接翻译或者编写外文书刊信息，从而让读者能够及时克服语言上的障碍，逐步扩大外文文献的实际利用广度。

10. 情报调研服务

情报调研服务主要是指相关的部门根据国家有关规定和部分地区的实际需求，针对一次文献和二次文献展开科学化筛选，通过细致的分析，进行有效的归纳与总结，促使研究成果可以使用综述以及述评等三次文献的形式加以呈现，保证决策部门和决策人员能够获取针对性的资源，掌握更多的有利信息。情报调研部门通过创造性再生资料，实现了科学的再加工处理，属于较为高级的再生情报手段。其中最为关键的一点就是借助文献情报的知识成果展示，在系统化的研究中将情报内容作为基础条件，提供新型的资料信息，让目标情报服务方式更为可靠与科学，体现出实际的利用价值，属于专业性较强的情报服务。

二、图书馆沟通服务

（一）图书馆服务的要素

1. 信息源

信息源指的是信息服务传播中信息的发送方，即馆员。馆员要精准了解自己所发送的信息，并将不同类型的信息进行加工和处理，深入分析读者的信息检索需求。图书馆内部也要建立起分工制度，通过分工让工作人员提供的服务更为专业化，让信息源更加优质。

2. 沟通目标

任何图书馆都不可能满足所有读者的需求，也可能出现无法及时满足读者需求的情况。因此在沟通过程中，馆员就要让读者明白为何无法满足或及时满足他们的需求，获得读者的理解，建立信任关系，树立图书馆的口碑和形象。

3. 信息渠道

信息渠道就是馆员传递信息给读者的途径。图书馆与读者之间的沟通或传递信息有很多形式，但是大多数情况下是与读者面对面交流或发布信息。此外，网站和宣传栏也是很好的发布信息的渠道。

4. 接收者

接收者一般指读者。在服务和沟通过程中，读者对服务的满意程度从侧面反映了馆员的沟通能力，也体现了图书馆的服务质量。馆员希望通过沟通能满足读者的信息需求或对于不能提供的服务向读者征求理解。当然，并不是每一次沟通都能达到期望的效果。

5. 反馈

反馈是管理者对信息服务和沟通效果进行监督的有效途径。管理者通过收集读者的反馈信息并对此进行分析和判断，来决定是否要进行服务改进。在馆员与读者沟通的过程中有很多因素都会影响其结果，导致信息不能完整准确地被读者接收，这些因素被称作干扰。干扰可能出现在任何阶段，如馆员对图书馆馆藏信息的了解不够深入，或没有精准把握读者的需求，那么就会因干扰而出现失误。在信息传递过程中，由于馆员与读者之间的沟通不到位也可能影响读者对信息的接收。

（二）图书馆沟通服务的方法

沟通属于发送者将信息传递给接收者的一种途径，接收者在对信息接收过程中的反应，能够表明沟通的成效。沟通的行为是在双方或者多方互通的时候，实现合理的信息传递，由此让彼此间的共同性更加明显。沟通的深层次目的就是相互影响和促进，属于一个重要的互动过程，双方的共识意义重大。沟通属于一门学问，同时也是一种艺术，属于提升业务素质及读者素质的科学手段，馆员掌握和读者的沟通技巧，对于开展实际的工作和落实相关的业务帮助较大。沟通的方法主要有以下几种。

1. 耐心倾听

倾听也属于一种条件，是沟通的基础。馆员应该重视读者的意见，善于倾听读者的认识和理解。如在开展图书馆工作时，常常听见读者对于文献资源不足的抱怨，面对这样的问题，馆员不应该坐视不理，应该以冷静的姿态和良好的自控能力真正地理解读者的需求，心平气和地听完读者的陈述，为其详细地阐述和说明，确保反馈信息得当及时，并与读者建立起密切的关系，做到跟踪与处理。此类沟通方式看似琐碎，但是却能体现出理想化的效果，因此需要以点带面地落实。

2. 主动交流

和读者之间的交流应该重视面对面的诚恳态度，并借助网络和意见簿等，实现科学的沟通。图书馆每天都会接待较多的读者，面对读者的意见，馆员应该深刻地反思和总结，在发现问题之后，需要及时地寻找应对措施加以处理，主动交流时要理解图书馆的定位，正视自身的重要性，不断地宣传自己，找到问题的合理应对举措。一线的服务工作者一般要认识到自身的重要性，同时与读者展开密切的交流。想要成为合格的馆员，就需要落实好具体的行动，真正地将问题加以处理。主动交流时，能让不善于求助和不善于提问的读者获得相应的帮助，明确具体问题的解决措施，和馆员保持良好的关系，理解自身认识的误区，清楚认识服务的项目，在沟通和交流中化解矛盾，促使问题迎刃而解，也可达到彼此谅解的效果。

3. 有亲和力

亲和力的作用十分明显，在人际交往中扮演着重要的角色，馆员应该积极地重视亲和力的合理展现。馆员的语气和动作等能够反映出他们的内心状态，因此需要保证热情和专注，让读者的情绪受到影响，真正地感知到馆员的良好服务。在服务时，馆员应该重视自身精神面貌的展现，使得读者感知到被尊重和认可的一面，合理地参与到图书馆的借阅服务中，努力地与馆员建立起良好关系，在彼此交流和沟通中强化信任感，使得交流深度更加得当。

4. 多层次交流

许多高校图书馆将服务划分出特定的层次，其中涉及基础性纸质文献借阅服务和个性化咨询服务等内容。纸质文献借阅服务是一项基础性的工作，具体服务的对象并未体现出限制性，实际涉及的人数较多，覆盖面相对广泛，依照读者的具体需要提供对应的帮助，个性化咨询服务则主要是对读者提出的疑难问题进行有效的处理，因此体现出针对性和严谨性；学科文献专家服务则是一种更为科学的服务模式，其属于图书馆服务的有效深化。在具体提供的学科服务和咨询服务中，正是因为专业性较强，使得受关注度更加明显，现已成为相对主要的沟通渠道，在新时代背景之下，也具备了较为丰富的沟通模式。图书馆应该格外重视读者的具体需求演变过程，从浅层需求逐步地过渡至深层需求，往往需要经历一定的时间，因此需要明确基础服务的提供主体，若是基础服务提供到位，便能直接呈现图书馆的整体形象。英国图书馆学家沃德（Ward）女士说，只有具备知识储备的读者才能够更好地与馆员进行交谈，为了让服务读者的前台工作人员能够成为最为合格的馆员，相关的业务骨干应该真正地接近读者，感知到外界的变化和实际需求，需要让读者服务工作做得更加出色，以此才能迎合新时代发展的具体需求。

三、图书馆参考咨询服务

（一）参考咨询服务内容

1. 解答咨询服务

解答咨询服务属于一种重要的服务咨询的形式，较为常见。解答咨询的方式重点涵盖了电话回答和口头表述等基本途径，帮助读者获取到相应的信息，如事实和数据内容等，以此寻找更为合理的举措，妥善地处理现实中的问题。针对部分常见的问题，诸多图书馆已设置了对应的平台，以解决相关问题。

2. 书目参考服务

书目参考服务主要是对读者提出的问题进行科学化的研究，如对具体的课题展开分析，利用科学化的手段，让专题文摘目录索引的问题得到科学化的解决。由于无法提供具体的答案和信息，涉及的资料线索也可视作一种参考对象，由此被称作专题咨询。若是部分未经过具体提问的问题，某些图书馆往往会借助于编制索引等方式使得具体的信息呈现出来，同时也开展了专业化的服务，让传统模式得以转变。网络参考咨询服务中涉及的书目数据库建设等多种内容，一般需要网络环境的支持。

书目参考工作最为关键之处便是对文献信息的有效加工和处理。具体需要结合客观的实际情况展开分析，并且将其作为基本依据，在选择材料的过程中，还应该结合特定范围的文献内容加以判断，做到全面系统地收录。

3. 信息检索服务

信息检索主要是指信息的获取阶段，按照具体方式和组织进行有效的存储，严格地按照实际需求获取资源。

信息检索依照手段进行划分，包括手工和计算机检索两种内容；根据检索的对象进行划分，包括文献检索和网上信息检索等；依照服务项目进行划分，包含查新服务检索和课题服务检索等。传统的信息检索也是将文献检索作为重点，在现代化技术迅速发展的进程中，主要将数据库检索和网络信息检索作为关键的组成部分。“网络导航”“学科导航”的科学利用，成为新时期最为关键的内容。

4. 情报研究服务

情报研究服务是图书馆对于文献信息进行有效分析的具体服务，主要是在特定的领域和特定的时期进行相关资源的总结与归纳，通过实际的报告形式，让用户加以利用。该服务基本的功能便是整合大量的文献，让读者可以获取浓缩且系统的情报信息，为预测研究和决策提供可靠的参考意见。情报研究服务主要涵盖专题剪报服务、专题数据库建设等各种各样的形式。

5. 用户教育服务

图书馆是相对关键的文化科学教育机构，在社会公众学习的过程中扮演着至关重要的角色，能够为社会公众打造出较为理想化的学习课堂。此类教育重点是借助于社会化阅读的具体模式，使得多元化的知识得以有效地传播，属于较高层次的社会活动。在时代飞速发展的进程中，网络技术和先进手段的合理运用，使得图书馆的利用难度明显提升。网络信息资源的传播，对读者的相应能力提出了更高的要求，其中不具备较高的文化水平、对于图书馆的基本结构也并不熟悉的读者，无法进行科学的检索和应用。所以，应该重视传统图书馆向着网络图书馆的过渡，大力开展用户教育工作，让用户的综合信息素养得到明显的强化。

（二）参考咨询服务的方式

1. 参考咨询台

参考咨询台是一种相对传统的服务业平台，主要是提供具体的咨询服务，在实际利用的过程中将重要的内容加以展示。参与用户咨询服务的馆员需要具备专业素养和专业知识。

该平台也是对外服务的关键窗口，借助于科学化的形式，有效地提供信息内容，使其发挥出相应的利用优势。对于相关信息的处理过程，包含着用户到达图书馆之后提出咨询的问题，工作人员对其展开逐一的解答，若是未能得到有效的处理，可以及时地将信息记录下来，在之后的实践中查询到具体的答案，并通知相关的用户。

2. 电话服务

通过电话服务能够满足远距离的用户需求，使得用户无须出户便可获取到相应的帮助。读者通过电话咨询的方式将问题加以阐述，工作人员详细地记录并加以解决。采用这种方式时应该在专门的区域设置用户咨询电话，同时还需安排专人接听。

电话服务最为显著的优势就是可以实现远距离的提问与应答，这样可以保证在短时间内更好地处理实际的问题，以免因距离较远导致服务无法落实。在电话交谈的过程中能够实现有效的语言交流，这样可以解答许多有歧义的问题。但是电话服务也存在着明显的缺陷，就是具体的服务时间十分有限，由于咨询的问题存在着不同的难易程度，所以无法保证实际的解决情况，很难让用户在确定的时间内获得答案，这就使得用户需要多次询问。此类方式为用户的实时性咨询提供了便捷条件，但是在检索型咨询中的应用并不理想。

3. 公告板或讨论组

网络技术飞速发展和应用的过程中，图书馆在提供服务的时候也可适当地使用网络化的技术手段，如使用电子公告板等进行服务，这样可以直观地展示具体的成果。此类形式在具体应用的过程中，主要是依靠网站提供基本的功能系统，用户可以通过相应的系统自主地浏览，将自身的认识发布到网页之上，也可表达自己的疑惑，馆员通过定期地浏览对用户的疑问逐一解答，若是无法将其妥善地处理，可以将其发布在讨论组中，寻求更专业的指导。

用户只要能连接到图书馆网页，就可以发布自己的咨询需求。采用对应的文本提交手段，使用户拥有更为充足的时间分析实际的问题，因此获取到的答案较为精准。图书馆馆员的具体回答，时间方面更为充足，途径也相对便捷，他们可以借助电子邮件或者公告板的方式，将用户获取到的答案加以展示。答案可以长期保存在相应的系统中，具有代表性的问题也能够发挥有效的指导和借鉴作用，由此打造出理想化的数据库。其主要的缺点就是保密性问题无法有效地发布出来。

4. 电子邮件

电子邮件服务是国内外图书馆最早的虚拟参考咨询服务，也是最普遍、最常用的虚拟参考咨询方式。“参考”或“询问图书管理员”的电子邮件链接一般会设置于相应的网站首页之上，方便用户及时地利用。当用户获取到具体的电子邮件地址时，可以借助相应的链接将邮件发送给馆员，馆员把答案直接传送给用户，满足其具体的需求。

5.FAQ 服务

FAQ service 即 FAQ 服务。图书馆依照长期的经验展开科学的分析，同时结合用户的基本情况加以调查，整理出富有参考性的内容，构建起相应的数据库，在图书馆网站的首页进行有效的展示，同时建立起对应链接，以便用户及时地查阅和利用。读者可以通过相应的系统浏览自身所需要的内容，以便更好地处理实际的问题。界面友好且检索便捷的常见内容，具有直观的展示效果，这属于虚拟参考咨询环境的关键组成部分，也是让咨询服务得以有效提供的重要资源。

6.Web Form 表单服务

网络公共图书馆在线咨询的典型形式是 web 表单服务模式。即在虚拟咨询台及时地设置出对应的 web 表单，用户可以依照实际的需要填写相应的表单，提出具体问题。此类方法主要运用在问卷调查和咨询服务中。它要求用户回答对应的问题，在网页上填写表格，提交之后才可进入。这种方法的优点是可以使用户提出的问题具有准确性，而且信息范围广泛，更有利于问题的解决。它接收表格形式的数据，通过具体的服务器处理，进入网站数据库之中，在一定的时间内，图书馆馆员打开这些数据库，逐一回答。这些表格一般需要包含姓名和地址等基本信息，用户在了解到本次咨询内容的详细答案之后，可以合理地运用相关的资源。当然，用户获取到的答案多是通过电子邮件发送。但是表格处理的背后也需要相应的资源支撑，具体的数据库需要发挥出理想的支持作用，对用户的问题进行详细的归档和信息跟踪，这些问题的答案会完全按照一定的风格得出，并返回给用户。在图书馆网站，用户可以通过互联网或电子邮件提交表格。如果用户的浏览器不支持表单的提交，网站可以通过软件系统进行处理。

7. 网上实时资讯服务

（1）聊天式参考咨询

聊天式参考咨询即馆员合理地使用 QQ、MSN 聊天室等方式，实现和用户的科学交流及沟通。用户主要是以电子信息的方式提交相关的问题，馆员可以对用户的问题进行有效的解答，将解答的内容通过聊天的方式进行传递。当前，应该将聊天软件的功能充分地体现出来，如微信和 QQ 等，通过群组功能和发送文件的过程，让读者能享受到更为理想的服务。

实时咨询服务重点是将文字聊天作为主要的形式，设置出可靠的私人聊天室，方便更好地提供专业服务。图书馆主页通常会设置聊天咨询服务入口，只要完成验证，用户即可进行业务会话。据不确切统计，在美国大约有 30 所大学图书馆、政府机构和公共图书馆开展了这种形式的咨询服务，使用了 20 多种不同的实时数字聊天软件。聊天式参考咨询最大的优势就是即时性和互动性，用户需要通过密码和用户名登录，在网上提出相关的问题，便能够在短时间内获取到相应的答案。图书馆方面，若用户登录到相应的网页，警报系统可以及时地通知工作人员，使其完成有效的对话，确保服务更加及时。因为网站本身的交互性较为明显，用户和工作人员可以有效地交流，对于信息资源科学地利用，即便是指示性问题，也能获得一定的帮助。

（2）网络视频会议方式

该类服务形式主要是利用视频会议技术，让用户和馆员进行有效的交流，通过视频的方式实现密切的沟通。用户和咨询馆员科学地使用相关的视频软件，整合用户的提问内容，全面了解用户心声和诉求，给人以身临其境之感，实现双方有效的沟通。

（3）网络呼叫中心

呼叫中心也就是建立在语音交换和信息处理基础之上的集成化系统，能够通过电话让读者获取专业的服务。建立在 Internet 网络呼叫中心基础之上的图书馆网络呼叫中心，实现了业务范围的合理拓宽，重点是利用 VOTP 技术促使数据和语音同步传输，建立对应的远程座席，让用户享受到较为理想化的全面服务。

8. 合作化的虚拟参考咨询

合作化的虚拟参考咨询意义重大，在图书馆服务范围日渐扩大的过程中，读者咨询问题变得更加多元和复杂，读者的咨询数量逐步增多。图书馆应该采用可靠的服务模式，以实现有效的合作。例如，湖南大学图书馆以及湖南科技信息研究院积极地启动了多元化项目，主要是以“湖南文献资源共建共享合作网络”为代表，携手为会员单位的读者和互联网用户提供了对应的服务项目，在线读者可以在留言板上填写相应的信息，让咨询师在线解答，在 24 小时内能够获得具体的答案，用户所需要的原始文献也可通过电子邮件获取。读者的一般性问题，工作人员会及时地分析，24 小时内可以进行答复。合作模式下的虚拟参考咨询让资源能够及时地共享到位，情报共享和服务共享也能顺利地实现，备受读者和参考咨询馆员的认可。

第三节　基层公共图书馆服务体系的构建

一、基层公共图书馆服务体系建设的综合文化站体制

综合文化站属于国家县区及以下提供公共服务的重要体制建设单位，其承担着较为丰富的服务内容，如公益性文化服务和图书馆服务等。但在历史长河的发展进程中，其发展的轨迹和公共图书馆的建设理念逐步偏离，其专业化的服务能力也呈现出明显减弱的趋势，逐渐被虚化和碎片化。

我国农村图书馆体系建设和农村发展历程紧密相连。随着农村的综合改革逐渐深入，逐步形成了城乡经济社会发展一体化趋势。国家的政策倾斜，使得农村公共图书馆服务体系的发展拥有了更为可靠的根基。随着全面深化改革时代的到来，国家也逐步地将现代公共图书馆服务体系理念在农村范围提出，目的是在一定程度上稳步地推动相关工作的进程。

贯彻并执行具体文件的指导精神、努力践行中央规定的预算指标等行为真正推进了全国各地数以万计的乡镇综合文化站建设工作，完成了“乡乡有文化站”的规划目标，使得乡村基层文化服务体系逐渐完善，农村文化发展也得到了显著改善。

如此看来，在县区级，公共图书馆和文化馆两者之间保持彼此独立；在乡镇区域，公共文化服务主要由综合文化站承担，其兼具公共图书馆与文化馆以及农村公共文化管理功能。县区的两馆主要是交由县区的主管部门落实相应的管理，乡镇综合文化站则是交由乡镇政府采取对应的管理方案，综合文化站是在分散化的机构基础上组建而来，因此县（区）域中的公共服务呈现出分散模式，这种模式的出现属于一种必然的趋势。《乡镇综合文化站管理办法》确认了文化站的公

益性，其主要发挥社会服务、指导基层的职责作用。其中，公共图书馆服务属于其基本职能的关键组成部分。但是，目前书刊阅览室本身的功能已经呈现出逐步分化的趋势，呈现出明显的被虚化和碎片化特征，图书馆专业化服务易被忽视。

图书馆服务对象和功能之所以虚化、碎片化，主要原因在于：乡镇政府通过行政手段来规定公共图书馆的运行模式，忽视了图书馆服务的本质，形成了服务的虚化；图书馆功能烦琐、管理混乱，项目众多、建设不统一，资源分散，产生的效益过低；缺少专业人员，基础设施建设不足，专业化服务无法开展。

二、公共图书馆专化延伸的基层公图书馆服务体系建设

乡镇综合文化站体制之下的基层公共文化服务体系建设方案中蕴藏着具体的功能和职责，但是相应的建设理念、管理层面、发展层面还不成熟，缺乏专业化服务意识，不能对农村公共图书馆进行科学规范性的管理，反映出相对明显的虚化问题和碎片化问题。为了有效解决这种情况，图书馆界应该积极地落实好具体的理论和基本的实践研究。

从理论上看，图书馆界已经打破了很多限制，也形成了很多纲领性文件，如《国家“十三五”时期文化改革发展规划纲要》。农村图书馆建设的方向也基本确立，图书馆是改革文化服务体系的重要内容，因此政府和社会要重视图书馆体系城乡一体化建设，保障人民的文化权益。此外，公共图书馆体系建设也要坚持由政府主导，保证其公益性，为公众提供基本的、便利的、均等的文化服务。

在实际工作过程中，不同区域的图书馆管理者按照客观情况，并遵循“总方向、总要求”的原则宗旨，借助于科学合理的方针，有效地创新图书馆建设模式，其中涉及总分馆建设和联合建设等不同的模式。对于经济较为发达的地区，应该结合其本身的情况加以分析，若是涉及多个主体可考虑苏州模式；若是还存有部分城乡一体化建设的地区，可以适当地选择嘉兴模式和江阴模式；对于某些经济欠发达的区域，若需要重点将政府的主导作用发挥出来，可以着重考虑遵义模式等，以及政府占据主导地位，联合城乡、标准化建设等方案打造出的平桥模式等。

各类模式在实际运用的时候，受到了诸多专家学者的关注。一些专家经过细致的总结和分析后，将其概括为：自下而上的模式，也就是半委托式总分馆体系和自上而下的全委托、半委托式总分馆体系，另外也包含了完全总分馆体系等各

种各样的模式。在进行细致的分析和调查后，专家明确了其中反映出的具体作用和功能特征：在某种程度上，建设主体发生了明显的上移，管理单元进行了较为细致的整合，具体的服务设施也实现了科学的规划，资源和服务能够真正地实现高效共享的目标；将县级政府视作重要的建设主体，让相应的经费更好地发挥出利用的价值，建立起基本的职能机构，完成对全局的科学统筹和管理，打造出科学合理的公共图书馆服务体系。

综上所述，通过科学全面的理论研究以及大量的实践探索，逐步形成了构建农村公共图书馆服务体系的基本思路，其建设基础主要是公共图书馆专业化延伸发展而来。但是，在实际建设过程中实现形式差异较大，在某种意义上打破了乡镇综合文化站体制的限制。首先在市、县（区）馆的基础上构建总分馆机制，和综合文化站体系形成平行关系，并开展向下延伸服务，对公共图书馆服务实施专业指导，确保公共图书馆体系的专业化延伸，缺陷是不能对其服务资源进行优化整合；其次，需要适当地将社区以及乡镇的公共文化服务平台合理地构建到位，在此基础上让公共图书馆专业化延伸服务能够顺利地实现，这能够让综合文化站体系中的公共图书馆服务水平明显地提高，但还是与公共图书馆专业化服务体系实质内涵相违背，应该重视两者间的差异；最后，构建相对科学的标准化图书馆，确保相应的服务水平能得到明显的提升，促使综合文化站体系内部的服务和资源等有效整合，打造出理想化的服务体系，使得综合文化站体系内部的实体性平台彰显出自身的作用。这虽然具有一定的成效，但是根本的体制融合难题并未得到合理的处理，始终未能突出制度设计的优势。

三、建设整体化现代公共图书馆服务体系的时代要求

在新的时代背景下，国家对于现代公共文化服务体系给予了高度的关注，尤其是加大了相应的支持力度，主张结合人民群众的基本文化需求，科学地落实好社会主义事业的繁荣发展。基层公共图书馆服务体系属于公共文化服务体系中的重要组成部分，并在持续的发展过程中获得了理想的成效，并呈现出了良好的发展趋势，具有更大的发展前景和发展空间。然而，由于受到各种因素的影响，诸如体制性限制、缺乏完善的监督制度、协调合作力度不足等，导致在建设过程中呈现出明显的“碎片化”特点，不利于基层馆服务体系的长远发展。从体制上看，

“县区有两馆，乡镇有综合文化站”的体制在本质上就体现出了明显的分散化特点，在内部管理与治理上“极端化”和“碎片化”现象严重，严重限制了基层公共图书馆服务体系整体化构建需求。

①公共图书馆在专业化延伸的层面与综合文化站体制存在着相对明显的理论差异。两者之间的矛盾主要表现在以下方面：前者的建设理念对于服务的核心内涵给予了高度的重视，处于更加突出的地位，同时也可从全县（区）的角度加以分析并思考；后者则是更加看重一些基础性的问题，其基本的观念受到了乡镇和经济文化等的影响，各自为营，既不沟通合作，也不主动管理，在乡镇政府的指令下被动行事，对图书馆服务的基本核心内涵和价值意义等的认识并不专业，未能重视乡镇间的有效沟通和交流。此类现象和公共服务体系城乡一体化的发展方向呈现出相背离的趋势，政府的主导作用也未能合理地发挥到位，忽视了图书馆服务基本性和公益性的具体要求。应该在发展层面上科学地重视基层公共图书馆服务体系的建设作用和方案，运用科学的方针推进相关的实践。

②县区文化的相应主管部门和乡镇政府联合作用下的公共图书馆，服务机构组织模式落后单一，表现出极为明显的体制性约束，严重地影响着相关服务体系的顺利构建。在前者治理下的公共图书馆，更加倾向于在业务部门以及总分馆制的基础上对机构实施组织建设，并在此基础上设计运作章程，围绕其服务核心内涵、价值意义推行具体的专业化服务；而在后者治理下的综合文化站更加倾向于在功能空间和行政管理体制的基础上实施组织建设，拓展公益性社会文化服务活动范围，还需要对农村文化市场的发展给予辅助指导。由此证实，机构设置以及具体的运作规范方面的矛盾和问题较为明显，实际的冲突尚未得到有效的解决，很难形成统一性的合作协调机制。该类体制性障碍以及公共服务体系的建设理念存在着并不一致的特点，系统完备、可靠合理的制度体系总目标的实现还需要经历漫长的过程，应该注重管理层面整体性服务体系构建的实践过程。

③县区文化主管部门以及乡镇政府之间的治理理念并不统一，协调合作的机制不健全，直接威胁到基层公共图书馆服务体系的合理构建。前者更加注重专业化管理制度的建设，并在此基础上开展具体的业务工作，结合全县（区）实际发展状态，合理推进向下延伸服务，在此基础上，部分区域实现了总分馆建设，并实施统一化管理，促进通借通还体系的建设；而后者更加注重行政命令以及项目

管理机制，并以此开展文化工作，侧重本乡镇文化工作，和其他区域与部门缺乏有效的沟通和合作，资金分配不均衡，不具备可靠统一性认知。其在实际治理的时候，混乱局面较为明显，互不协商的情况也较常见，以至于威胁到区域整体协调发展，不利于相关经济效益的提高，也易引起更多的公共性问题。相应的主管部门和乡镇政府缺少基本的信息沟通渠道，资源和项目的分配协调机制也不够合理，这些问题的存在直接影响到公共服务体系的构建，即便是形成了一定的制度体系，与实际的预期目标也存有显著的差别，应该在治理层面上系统考虑相关服务体系的构建方案。

④综合文化站并未具备较为可靠的服务活动模式，这在一定程度上直接限制了相关服务体系的全面构建和稳步发展。结合目前的实际情况分析，基层图书馆和综合文化站间的资源无法实现科学的分配，呈现出明显的资源分配不均衡的问题，致使其合作关系不稳定，呈现出严重的随意性和分散性特点，导致合作过程中的成本增加，合作活动达不到理想效果。主要表现在：首先，人力资源配置不合理。基层图书馆是事业编制，但是每个单位的编制有限，往往在具体工作中人员严重不足。而综合文化站由于经费不足，主要是依靠人员借调或者是公务员兼职等开展工作，再加上乡镇政府经常性地借用人员，更显人员短缺；其次，财政资源配置不合理。县区财政现已成为基层图书馆实际构建过程中较为重要的经济来源，而受到自身经费不足的影响，在实践中相应的经费仅能支撑生存需要，无法顺利地开展延伸服务。乡镇政府财政属于综合文化站的经费源泉，但是经费不足的情况也未受到重视；再次，财物资源配置不合理。在基层图书馆中，重点是及时构建馆舍和设施，但是却忽视了延伸服务中配套设施的重要性。而综合文化站在这方面的基础设施建设，往往被移作他用，失去其专业化服务功能；最后，信息资源配置不合理，基层图书馆偏向文献信息资源建设，在对其他类型的信息收集和整理方面较为薄弱。而综合文化站主要是承担收集和传递当地文化信息并承接基层文化信息惠民工程的责任，但是在实际工作中，摊子比较大，信息资源分布较为分散，不能实现对资源的有效整合。以上现象严重限制了资源效益的优化和提升，不利于基层公共图书馆活动的全面开展。所以，要积极推进资源的优化整合，促进专业化活动的整体性，并在此基础上构建科学高效的基层公共图书馆服务体系。

在党的十八大会议中，对公共文化服务体系的建设进行了明确的规定，提出了更为得当的时代要求和标准，充分地认可了公共文化服务体系建设的意义，将全面深化视作重要的行动，这也成了当前公共文化服务体系建设和改革中的基本方针。具体的总目标为构建起科学合理的图书馆公共文化服务体系，打造出相对系统且完善的制度体制，确保具体的工作开展成果能够充分地显现出来。

总方针是：①逐步深化相关的体制改革，将功能定位加以明确，构建企业完善的法人治理结构，通过建设协调机制，使得评价和反馈机制更加合理；②积极地整合文化惠民项目，逐步将服务设施网络建设进行统筹安排，让服务更加标准，为广大人民群众提供均等服务；③鼓励社会各界积极地参与到相应的实践中，真正地落实好管理和建设的实际行动。

以上相关精神强调了公共图书馆发展的基本特点，如系统性和协调性等，充分地彰显出整体性治理的具体思路。

“整体性”思路重点是将整体化这一基本的特色显现出来，在治理理论的实际研究过程中，让制度顶层设计得以有效地实现，科学地化解公共图书馆和乡镇综合文化站的矛盾问题，针对县区文化主管部门和乡镇政府的权益展开有效的区分，科学地统筹其功能和资源，构建起更为完善的服务体系，促使管理服务全方位落实。在具体工作实践中，信阳市平桥区积极地开展了专项活动，通过科学地推进公共信息服务中心建设进程，实现了初步尝试的既定目标，这对于“综合性文化服务中心”的合理化构建具有借鉴价值。

总而言之，随着时代的发展，改善基层馆服务体系碎片化特点、逐渐构建具备整体化特点的服务体系是大势所趋。因此要加强理论研究并在实践中自觉开展组织变革，促进组织的整体性，之后在科学的理论指导下对其开展整体性治理，并积极推行观念更新、体制改革、机制创新、活动开展等策略，从而实现基层公共图书馆服务体系整体化转变。

第五章　基层图书馆公益讲座策划

本章的主要内容为基层图书馆公益讲座策划，具体介绍了图书馆公益讲座策划概述、公益讲座策划原则、图书馆公益讲座的整体策划、图书馆公益讲座的详细策划。

第一节　图书馆公益讲座策划概述

一、图书馆公益讲座的兴起

近年来，图书馆公益讲座的受欢迎程度逐步提升，之所以出现这种情况，关键在于以下几点。

（一）社会的需求

曾经有这样一种说法：在美国，无论传教士、运动员、教师或新闻记者，都更为受到上天的偏爱，主要是因为这些人具有较强的娱人天赋与娱人技能。值得注意的是，这种娱乐精神同样盛行于我国的媒体以及社会文化生活当中。在这种情况下，各种各样的浅层娱乐存在于社会的方方面面，基于这种背景，图书馆公益讲座则以积极进取的社会精神为所有人提供普世的人文关怀，它的存在使得众多普通人民协力抵抗社会中的媚俗倾向，改善社会风气。

另外，公民社会最本质的属性是民主与法治，是对社会事物的开放，也就是方便信息的传播与社会民众的表达。在各种信息渠道对公众开放的同时，要求信息公开和信息共享的声音也在不断增强。在这种趋势下，讲座很自然就成了传播信息和思想的舞台。

（二）市民的需求

我国行政地域的规模与思想资源疏密程度通常成正比关系，很多经济并不富裕的城市很难拥有足够的资源，也就直接导致当地民众的精神文化生活难以得到满足。像娱乐影视作品、卡拉 OK 这样能够流行一时的活动已经越来越无法满足人们日益高涨、日益多元化的文化需求，这使图书馆举办讲座获得了巨大的发展潜力。

对佛山市图书馆等首先开始试办讲座的珠三角区域的图书馆的实践进行分析，我们能够明显发现，公益讲座的问世让大众真正感受到了昂扬向上的文化态度。公众对于讲座这类更加关注学术含量与文化品位的精神文化活动有着浓厚的兴趣与激情。一直以来，佛山市图书馆报告厅的讲座活动发展得如火如荼，使得更多的人出于兴趣进入其中。讲座现在已经有了固定的受众群，其中不但包含企业家、政府官员，也有家庭妇女、教师与学生，并且还包括普通的打工人，这种普及程度大大超出了人们的最初想象。

（三）公共图书馆功能的多元化

伴随着时代的发展，公共图书馆也在不断变化，它所承担的功能与作用也发生了明显的改变，简单来说，就是由单一书楼收藏转变为以使用为中心，并充分发挥自身文化特性。就比如前几年，克林顿（Clinton）来到上海的时候，就有一站定位于上海图书馆，而这也是公共图书馆不可避免地要进入国人视线并成为城市文化符号的重要表示。另外，需要注意的是，图书馆功能实现多元化也在很大程度上给图书馆举办讲座带来了更多的可能性。

（四）拯救阅读危机

伴随着娱乐内容的拓展，人们对于阅读的兴趣在不断降低，导致近年来阅读人数的不断减少已经发展成为一个重要的议题。在阅读人数减少这方面，美国最早发现问题，做出的补救措施也最早，正是由于各项措施的提出，促使美国的阅读人数逐渐增多，甚至使得阅读直接发展成为美国人的第一娱乐方式。

在中国，阅读人数也在不断减少，且＝减少速度较快。为扭转这一不利局面，全国各地的众多城市提出各种改革措施，但是这种工作的推行并没有真正改善当前的国民阅读数量减少的情况。一般而言，我们会通过人均图书的拥有量来判断一个国家或者某一地区的文化事业的发展情况。但是令人遗憾的是，我国的人均图书拥有量并不高，有着极大的提升空间。除此之外，对于听众来说，听一次图书馆内的讲座会给他们带来较大的帮助。

二、图书馆公益讲座的意义

（一）开拓图书馆发展新局面

在长久的发展中，公共图书馆更为关注对各类文献资源的收集，更为关注阵地服务，主要表现为静态，虽然这种局面正在改善，但是对全国的基本情况进行分析，图书馆依旧存在着经费紧张、资源匮乏、服务薄弱等结构缺陷，直至如今依旧未完全解决，大量中、小型图书馆的资金也只能维持现状。生存问题还没有解决好，之后的进一步发展更是难以实现。这使得图书馆的运营很容易不尽如人意，无法向社会提供充分、高效的服务，进而导致其逐渐被人们忽视与遗忘，也使政府的资源投入变得更少。对于图书馆这类文化信息服务单位来说，由于网络媒体的迅猛发展，各类信息供应商通过网络媒体开展业务，为图书馆带来了众多强大的对手，由此就使得图书馆的文献资源优势不再明显，民众对图书馆的需求呈现出飞速下降的趋势。在如今这个信息社会，图书馆没有选择的余地，只能不断进行自我革新。而讲座作为近年来逐渐兴起的服务产品，在知识的传播方面更为有力，且对于学习者来说也是一种更为便捷有效的学习方式，导致其在近年来受到越来越多的民众的欢迎。除此之外，讲座这种形式在知识导航和公众教育方面能够发挥出更为引人注目的作用，进而促使图书馆逐步成为越来越多的民众的关注焦点，激发更多的人的阅读兴趣。所以，讲座给图书馆的发展和建设打开了一个崭新的天地，注入了无限的生机与活力。

（二）拓展图书馆服务领域

如今，人们对信息的需求越来越强烈，每个社会成员都需要信息与知识。读者对图书馆的要求也由原来的单一阅读向多元化方向发展，所以图书馆必须扩大服务领域，以便读者能够获得更为合适的服务，以适应社会的多元化发展。另外，需要注意的是，讲座本身表现为主动介入社会文化生活的状态，它的存在能够充分且有效地激活社会文化需求，更有利于图书馆服务思想的实现。讲座架起了不同团体间交流的桥梁，它以公益开放与平等互动为主要表现特征，让图书馆除了具有保存文献、进行社会教育、传递情报信息的职能，还成了社会中人与人之间交往的平台，极大地丰富了读者服务工作内容。

（三）营造学习型社会，推进全民终身教育

在 20 世纪 70 年代，联合国教科文组织正式提出了“走向学习型社会”的奋斗目标。近些年来，伴随着全球范围内科技、文化、经济与社会的巨大发展，终身学习这一概念开始出现并受到了各个国家的关注，不同的国家已经纷纷开始了学习型国家的建设工作，简单来说，这已经成为当前时代的发展方向。

公共图书馆作为公众阅读学习、获取新知的场所，具有公益性服务性职能，这就决定了公共图书馆一直是学习型社会创建与全民终身教育这一系统工程的倡导者、组织者与实践者。对公众来说，公益讲座可以说是最佳的学习方式与学习地点。就如同部分研究者说的那样，当今市场经济活跃，知识论坛在如今的社会发展中逐步成为一种新的经济模式，而图书馆公益讲座则向社会提供了一条方便学习的途径。公共图书馆在社会教育中处于主体地位，积极降低“门槛”，倡导对公众免费开放，服务于读者尤其是弱势群体是讲座自身的首要功能所在。另外，讲座本身并不会被教科书的内容制约，时间可以自由控制并且其中的内容可以根据社会的实际需要实现针对性的确定，形式多变，更加方便进行沟通与交流，是较为便捷的互动形式。图书馆以举办讲座的方式引导公民畅游知识海洋，这一教育形式具有宽泛的意义，它以全社会为对象，与终身教育和教育对象的全员性相一致。所以，讲座是图书馆进行教育、传播文化、传递信息的有力手段，在提倡全民读书学习及推动全民终身教育方面具有重要意义。

（四）积累人文资源

图书馆有着为社会服务的信念，创造了便于思想者发表自己意见的舞台，同时又不可避免地轻易地获得了为国家、为民族、为社会前途命运而忧虑的知识分子的响应，没有知识分子的拥护，讲座就很难顺利进行。“外脑”策划这一方式在很大程度上有效促进了演讲的创新与发展，进一步扩大了讲座服务的范围，更好地适应了众多读者、听众对文化知识的不同需求。“外脑”所涵盖的讲者群体极为广泛，具有极大的社会感召力和卓越的学术成就，在一定方面有着较为突出的独到经验和认知。这些政治、经济和文化领域的精英，将他们的学术和社会思考无私地分享给众人，并通过自己的努力将其转化为一种精神财富，这种财富可以被社会公众所接受、反驳和反思。他们是传播知识和思想意识的主要力量，也是图书馆事业发展的中坚力量。随着主讲人群体的增多，图书馆与其联系逐渐紧密，使得越来越多的主讲人成了图书馆的储备资源，为图书馆积累了深厚的智力资源和思想文化资源，进而有效推动了图书馆文献资源建设与人才培养等方面的工作。同时也使图书馆成为一个重要的舆论阵地和思想意识传播中心。

（五）树立图书馆社会公共新形象

公共关系存在的根本目的是提升一个组织的声誉，使其在社会中获得更高的认可和尊重。一般而言，一个较为优秀的公关意识可以在很大程度上为组织提供显著的经济价值，另外，它可以在潜移默化中影响人们的思想观念和行为方式，从而达到塑造良好公众形象的目的。图书馆本身属于较为特殊的社会组织，图书馆事业的发展会在很大程度上受到公共关系的影响，进而决定了其未来的发展方向。因此，图书馆应重视并开展各种形式的公益性宣传活动来提高自己在公众心目中的地位，从而树立良好的公众形象，赢得更多的关注与青睐。时代在发展，各种知识也在不断地更新与完善，人们也更为重视自身精神文化生活的水平，开始丰富自身的知识储备，图书馆的功能也发生了深刻变化，由单一的文献借阅向提供全方位的综合服务转变。21 世纪以来，讲座已与报纸、电视、网络等多种媒介紧密融合，深刻地影响了社会各个领域，知名度不断扩大，使得图书馆逐渐成为社会文化的核心和人际交流的重要平台，同时也成为信息发布和思想传播的重要场所。讲座已成为一种时尚而又富有魅力的大众文化形式，它既是对图书馆传统功能的拓展和延伸，也是时代进步、文明程度提高的象征。

（六）构建城市文化的深层内涵

在城市未来的发展中，公共文化服务扮演着至关重要的角色，很多城市已经开始重点关注文化的影响与作用，但令人遗憾的是，许多城市文化建设可能只关注表面现象，如兴建高水平的设施、举办盛大的庆典活动等。城市文化是一个庞大复杂的系统，一座城市的文化底蕴和人文精神可以通过讲座所代表的阅读文化得到巩固和提升。在演讲这一平台上，众多哲学和社会科学领域的学者公开展示了他们的研究成果，并得到了广泛的社会认可。他们以其渊博的知识和精湛的学术造诣成为社会精英阶层的精神领袖。因此，文化的生命力被激发，杰出的文化人才因期望得到青睐而前来述说自己的思考与成果。在这里，人们可以极为便捷且不受拘束地交流与沟通，使得所有民众都能够获得足够的知识，进一步提升自身的思想水平，也进一步提高了民众的生活能力，以及其情感发展水平。但这些表面的繁荣却不能真正体现出一座城市的文化内涵。在当今社会背景下，讲座的参与者、听众和主讲人之间的交流与互动，在持续的深入发展中建立起了文化共同体，更是树立了一杆风向标，充分展现出人的精神，这种精神实实在在地推动着一座城市积极地开拓进取、发展进步。

三、策划的内涵

在现代社会中，“策划”一词被广泛运用，为人们所熟知，策划需要对繁杂的资料进行搜集与整理，从而对未来进行规划并制订与之相匹配的方案，根据实际情况不断对方案进行调整与完善，以实现预期目的。在中国的历史长河中，策划这一重要环节源远流长。中国五千年的文明历程是一部充满智谋的文化史，其中有着无数军师和策士，他们的谋划成败对于一个人或是一个组织等都产生了较为明显的作用。总的来说，在人类社会的发展与延续当中，策划扮演着至关重要的角色，其影响力不可小觑。

四、讲座策划的含义

公共图书馆公益讲座策划的内涵在于，讲座策划者按照讲座本身确定的目标和要求，开展科学、合理、严谨、细致的调查研究，进一步了解读者的需求，并明确图书馆的实际情况，基于现有信息，创新性地进行构思，并基于合理的步骤对各类资源进行搜集整理，进而确定具备可行性的讲座方案以应对未来发展，并且需要持续性地依据实际情况对这一方案进行修改与完善，而这一过程也就是我们常说的公共图书馆公益讲座策划。

五、讲座策划的特性

（一）目的性

策划作为一项具有强烈目标性的行为，通常是针对特定问题或事件而展开的。通过对客观情况进行分析，发现实际中的问题，确定最佳的解决方案，从而确保该活动能够顺利完成。在讲座的策划过程中，若是偏离了已经确定的目标和宗旨，便会陷入形式主义的泥淖中，无法真正发挥其价值。在讲座策划中，必须始终以目标为中心，一旦目标发生变化，策划方案也应当进行调整。如果没有明确而具体的目标，策划将无从谈起。

（二）前瞻性

具备超前的认知能力是人类所特有的思维素养之一。只有在不断地创造和变革中才能使策划活动成为有生命力的活系统。讲座策划的一个重要特点是对社会发展动态进行深入洞察，并对未来的发展趋势进行精准预测。只有立足于现实，才能使其成为一个完整的体系。在谋划未来时，必须以现实为基础，进行周密的计划，不能凭空想象。

（三）创新性

策划的过程实则是创造性思维的施展，或者说是创意思维与策划活动的融合过程。策划不是一种单纯的操作方式，而是一个复杂系统中的整体运作过程，它包含许多不同层次上的要素和环节，需要有创意性、创新性、系统性等。缺乏创新的策划活动只是简单地照搬固有的行为模式，缺乏独特的创新思维。没有创新，策划活动将无法持续下去，要想保持讲座品牌的延续，必须紧跟时代潮流，不断变革。

（四）整体性

讲座策划作为讲座工作中较为常用的手段，并非讲座工作的终极目标，也不是讲座工作的全部内容。在策划过程中，每一个细节的安排和部署都必须以最高目标为导向，以确保整体性。为避免讲座实践过程中出现各种难以解决的问题，就需要在策划讲座时，始终坚持以全局和长远的视角为出发点，有针对性地制订计划。同时，讲座策划必须遵循一定的原则，以保证其科学性、系统性和可操作性。在策划过程中需要注意细节，在细节的把控上要留有余地，避免过度束缚讲座组织者的手脚，以免造成不必要的损失。如果没有明确的目的，一味追求形式上的新颖、热闹，势必会使讲座失去它应有的生命力。讲座组织人员也应该根据讲座的特点，将其分为不同类型进行管理，从而提高活动效果。所以说，在策划讲座的同时，必须激发讲座团队的创新精神，使得所有成员都能够凭借独特的见解和发现，创造出卓越的讲座作品。

（五）可行性

不管是怎样的策划，只有以现实为基础才能发挥其指导现实工作的作用，否则这种策划只是一种虚妄的幻想。随着时代发展、技术进步及市场环境的改变，讲座策划必须不断地适应新形势。为了确保讲座策划的可行性与现实性，策划者必须全面了解各种信息，从环境、资源和听众心理等多个角度进行深入细致的调查和综合分析，只有在确定可行且有效的方案后，才能开始策划。

（六）调适性

讲座策划也是会不断变化的，在确保保持足够的稳定性时，讲座的策划者应当根据社会和周围环境的细微改变，及时对讲座策划进行多方面的改动，并对策划方案进行必要的修正。

六、讲座策划的作用

讲座策划有着极强的创新能力，始终坚持科学性与创造性，为确保讲座的顺利进行，就需要讲座策划的深度参与，讲座策划的实际效果呈现出以下几个方面。

（一）保持领先优势，提高竞争力

在 2000 年之后，公共图书馆秉承着“以人为本”的理念，开始格外重视为人们提供舒适的服务，而这也逐渐发展成如今的图书馆主要的运营效益来源。简而言之，全国各大图书馆致力于提升其社会文化功能，将其打造成城市文化的核心和人际交流的纽带。尤其是近几年，随着改革开放不断深入以及社会主义市场经济体制改革不断深化，人们迎来了思想解放，开始格外关注知识的获取，并且不同的思想也在很长的一段时间里不断进行着交流与碰撞。在这一时期，讲座逐渐进入众多图书馆人的视野当中，人们开始对讲座进行充分利用，以便更好地拓展图书馆的服务范围，提高图书馆的受欢迎程度。除此之外，需要明确的一点是，这种业务发展得如火如荼，前景广阔。

策划是在激烈的竞争中脱颖而出的成果。讲座是高校图书馆读者服务工作中的一项重要内容，其本身具有很强的政策性，所以必须通过有效的策划来保证各项业务顺利开展并取得预期效果。在激烈的行业竞争中，随着讲座的兴起，一些先驱者开始思考和探索讲座的发展道路，因此讲座策划随之诞生，并以其创新性思维、丰富的学识，以及对于未来发展的切实把控，有效促进了讲座的蓬勃发展。讲座借助成熟的讲座策划得以顺利开展并受到广大人民群众的欢迎，充分展现出自身的旺盛的生命力与无与伦比的吸引力，这种优势本身具有一定的独特性，很难被他人完全仿制。

（二）保证计划可行性，避免盲目性

策划本身属于一种基于理性思维的决策过程，它的存在能够有效保证之后的活动可以按照既定的路线有序发展，不会偏离最终目标。讲座策划就是为了使讲座尽可能在短时间内达到预定目的而进行的有计划、有步骤、分阶段的谋划活动。在策划或规划讲座之前，演讲者应运用科学的策划程序进行全面的构思和设计，以便更好地适应社会发展，确保计划的可行性和经费预算的可靠性，避免工作无意义。

（三）发掘讲座价值，满足听众需求

讲座所依赖的客观现实或繁杂无序，或瞬息万变。因此，讲座是传播城市形象的有效方式。在讲座的选题过程中，需要考虑到新颖性和广泛性，同时避免重复，以确保选题的独特性。讲座策划是一项系统工程。通过讲座策划，我们不仅能够以宏观的视角了解外界，敏锐地发现眼前发生的事件的本质，并对已经发生的事情进行深入的了解与研究，更能够以科学的方式明晰未来的发展趋势；不仅能够揭示不同时间段之间的发展脉络，更能够挖掘并不明显的文化和社会现象，更为人关注，从而充分挖掘和利用各种资源，以便更好地实现听众对于讲座的各种要求。

（四）深化讲座主题，体现城市文化个性

在这广袤的世界中，各种形式的事物层出不穷。对于公益讲座，它要求有一定的理论基础和较强的组织能力以及良好的服务意识等。讲座的一项重要功能就在于深入探讨分析那些有着较大影响力的社会事件，抑或是较为罕见的现象等，以展现城市文化的独特个性。因此，对讲座进行专题策划是十分必要的。如果自身并不具备足够吸引人的特点，那么就很难通过讲座传播城市的文化。讲座策划是对某一专题或某个话题进行整体构思，并将其付诸实施的过程。通过凸显核心议题和构思特定的演讲主题，讲座策划能够展现出主题的深度、文化的独特性和个性。通过精心策划，策划者与主讲人都能够更深刻地理解演讲内容的实质，进一步加深演讲主题的表达。

（五）预测发展趋势，强化讲座创新

规划是为了达成未来某一特定领域的目标而进行的操作。讲座是一门综合性很强的艺术，它需要策划者具有一定的知识储备、较高的综合素质。因此，讲座的策划者需要进行前瞻性的环境变化研究，以预测社会的未来发展趋势，并深入探索讲座的发展方向，从而提高讲座的主动性，以适应未来并创造未来。

讲座的策划过程始于策划者对讲座中存在的问题或缺陷的深入探究，并在此过程中不断调整工作方法，优化资源的利用和开发，勇于创新和发展，这是一种具有创新特性的发展过程，一个优秀的策划方案本身就具有创新性。讲座策划者要根据自身所处的社会环境以及讲座受众对信息的需求等因素，制订相应的活动计划。听众的受影响程度因策划技能的高低而存在较为明显的区别。优秀的讲座策划不仅能够吸引听众注意力，激发他们参与学习的热情，而且可以在一定程度上促进图书馆整体服务质量的提升，借此使得读者能够获得更好的享受。伴随着经济建设的不断加强，人民生活水平在提高，对于精神文化的需求也在增加，所以图书馆的讲座也逐年增多，图书馆之间的竞争日益激烈，同时听众的欣赏水平也在不断提高，这使得讲座的创新势在必行。讲座作为一种特殊的信息传播活动，其目的在于向人们传递最新知识与先进思想，它具有极强的知识性、趣味性、实用性等特点。为了满足日益凸显的创新需求，讲座策划应运而生，成为讲座不可或缺的一部分。讲座策划是一种创造性思维活动，它能为读者提供一个新的知识平台和信息资源宝库，从而促进整个社会文化生活质量的提升。因此，通过讲座策划能够进一步加强讲座的创新性，进而充分提升社会效益。

（六）锻炼讲座团队，促进业务发展

成功的策划方案离不开一位出色的讲座策划者。若想要获取良好的讲座效果，就需要基于一定的框架，使讲座活动按照预定的方向有序进行。讲座策划的成功和讲座的不断发展，主要是因为讲座的策划者有着较强的创新能力、丰富的知识储备、较快的反应能力以及足够的远见等，只有具备了这些素质才能使讲座策划获得成功。为了推动讲座事业的全面发展，策划工作者必须积极主动地构建自己的知识结构，进而实现自身基本文化素养的提升，养成优秀的思维习惯，掌握精湛的战略技巧，以创新意识开展思维活动，积极参与多样化、多元化的社会实践。

第二节　公益讲座策划原则

万事万物随着时间的推移而不断演变，都始终遵循着某种固有的客观规律。为传播知识与信息，图书馆需要策划公益讲座。策划讲座是一项富有创造性的思维活动，它必须遵循一系列客观的规则，以确保其顺利进行。下面我们将从理论上对讲座策划中应该遵守的一些主要原则进行阐述。讲座策划的基本原则在于遵循讲座本身的特性，并接受社会多方面的严格要求和约束，以实现讲座的根本目的，从而确保策划的正确性和可行性，为讲座的成功举办打下坚实基础。具体而言，以下几个方面值得我们特别关注。

一、公益性原则

（一）公益讲座，公益为先

通常情况下，我们认为公共图书馆就是那些为一个群体或地区的公众提供服务的免费或仅收取维持运营基本费用的图书馆。通过这一表述，我们也就能够较为清晰地了解公共图书馆的根本属性，主要在于其为公众提供服务的特质，这表明公益性是其不可或缺的属性。从这个意义上说，讲座就是以提供信息和知识产品为主要内容，通过开展各种形式的社会活动来满足大众需求，从而获得一定经济收入的一种文化传播活动。因为讲座是一项以非商业化运营为主要形式的活动，所以它应该和图书馆的其他业务同等重要。简单来说，我们要求讲座必须具有一定的公益性，由三方面组成：第一，对于所有的听众而言，图书馆公益讲座是一项完全免费的服务。如果讲座内容存在营利性质，就不能被认为是公益讲座；第二，对于演讲者而言，应当以象征性的方式支付其一定的费用。在讲座结束后，还可以得到一定数量的现金奖励和纪念品；第三，所有的演讲都不带有任何商业色彩，无论是直接的还是间接的。

在讲座策划中，应当始终坚持以公共利益和社会效益为出发点，时刻遵守公益性原则，让更多的弱势群体可以到图书馆中获取知识，实现精神上的解放，并且所有的读者都可以在讲座中自由地获得各种信息，掌握新知识，进而实现不同的人在知识与信息上的平等。为了更好地满足广大听众的需求，讲座需要始终坚持创新，以适应社会发展的需要，并发挥自身功用为图书馆服务功能的升级发展开拓道路。只有不断地创新才可以获得更多人的关注，进而扩大自身影响力。如果图书馆的讲座以营利为目的，往往会借助商业宣传的机会，营造不切实际的声势，从而达到变相销售的目的；若是社会效益至上，盲目迎合受众口味，则可能导致讲座内容脱离了其应有的价值取向。如果我们一味地追求轰动效应，而忽略了讲座所蕴含的真正文化内涵和人文精神，这样将难以维持下去。从长远来看，如果讲座本身带有浓厚的功利性色彩，那么必然会影响到讲座的质量甚至是讲座本身所代表的精神价值和意义。因此，在讲座的策划过程中，策划人员需要时刻与主讲人进行深入的交流，以充分减少大部分商业行为的干扰，从而确保演讲的严谨性和纯洁性，同时维护演讲在听众心中的声誉，使其与功利无关。

尽管在 20 世纪 80 年代中期以后，中国对于公共图书馆的建设如火如荼，但是我们也需要看到，就算是那些资金足够的地区，政府对于图书馆建设的关注度也并不高，究其原因，主要是对于主讲人而言，图书馆并不能提供足够的报酬，缺乏实际意义。这种情况下，图书馆免费开放显然并没有起到真正意义上的作用。对于那些经济实力并不强的图书馆而言，由于知识和智慧的高昂价格，因此它们的运营势必会面临难以持续的挑战。并且，值得关注的是，这种行为将对图书馆公益讲座本身想要表达的公共精神造成不良影响，所以图书馆有责任建立一个平台，以表达公众意愿，并且这也属于图书馆、听众和主讲人需要共同承担的责任。

（二）成功案例

自 1995 年起，佛山市图书馆便展现出佛山人勇于创新的独特品质，正式进行了公益讲座的探索。在过去 15 年中，该馆举办了 900 多场讲座，吸引了 50 多万听众，但从未向他们收取任何费用。

二、先进性原则

（一）公共图书馆的社会教育职能

一般而言，能够承担教育职能的场所多种多样，并不唯一，其中需要明确的一点是，教育并不是必须限定在学校当中，也可以借助图书馆实现相应的目的。简单来说，作为人们获取知识的门户，公共图书馆应当为个人和社会团体提供辅助。现代图书馆一直以来都承担着极为重要的社会教育使命，有力地促进了人类文明的进步，其作用不可被其他机构替代。

（二）发挥讲座传播“先进文化”的主阵地作用

伴随着时代的发展，社会经济成分以及各种利益关系错综复杂，就业方式与分配方式也演变出更多的表现形式，各种思想文化相互交织在一起，形成了一个复杂的局面。这些错综复杂的思想交锋给我国改革开放和现代化建设事业带来了巨大冲击。为坚持党中央的领导，需要对该领域的发展进行科学的引导与合理的规范。

人民群众为了获取公共图书馆中收藏的各种信息，可以通过直接查阅文献的形式，也可以参加公共图书馆的讲座，对于公共图书馆来说，其自身借助知识和信息的权威形象闻名于世，因此讲座必须具有积极的引导作用，以便更好地引领思想文化前进。所以说，讲座应当充分发挥自身的教育功能，不断深入发掘自身的教育潜力，充分发挥自身优势，引领社会精神文化发展，开展人文主题讲座，探索更多有用的资源，让所有听众都能够深刻感受到人类知识的浩瀚和社会文明的壮丽，进而坚持积极健康的发展。同时也要注意不能把讲稿当作简单的资料来对待。不断发挥讲座自身的优秀特性，及时满足人民群众的各种合理且复杂多变的文化需求，才能够长盛不衰，进而为促进社会的和谐发展贡献自身力量。

（三）成功案例

广东省立中山图书馆就通过自身远见，确定了航天主题的系列讲座，受到广大人民群众的喜爱。基于群众需求进行讲座策划，是培育讲座持久生命力的必要前提。长久以来，上海图书馆的“上图讲座”一直秉持着传播先进文化的理念，这也是其长期保持青春与活力的重要原因之一。

三、“以听众为本”原则

（一）“以听众为本”的含义

以听众为中心，是一种极为优秀的价值观念、人文情怀。公共图书馆为人们学习文化科学知识创造了条件，也使人们在求知中得到乐趣。在当今社会主义国家，始终坚持维护广大人民群众的利益，体现了一种深刻的人文关怀。以人为中心，始终坚持促进人民群众的物质生活水平的提高，不断丰富人民群众的精神文化生活，营造出一个能够使所有人充分发挥自身聪明才智的社会环境。

（二）树立“以听众为本”的服务理念

作为区域信息的枢纽，公共图书馆为用户提供及时、全面的知识信息服务。每个人都享有公共图书馆服务的平等权利，不受任何年龄、种族、性别、宗教信仰、语言或社会地位的制约。因此，作为一种公益性事业，它对人们具有很强的吸引力。随着城市化进程的加速和老龄社会的到来，讲座将成为广大人民群众享受公共文化服务的重要场所，这是社会发展和经济体制改革深入推进的必然结果。在市场经济条件下，人们的思想观念发生了巨大转变。讲座必须聚焦于创造一个能让人们平等交流、充分发挥智慧的社会环境，以更好地尊重和保障听众的文化权利，提升他们的思想道德和科学文化素养。只有这样才能真正体现出社会主义精神文明建设的本质和内涵。因此，讲座策划者必须秉持以听众为中心的服务理念，加强和听众的沟通与联系，认真倾听每位听众的建议，不断改进与完善自身的服务手段，精心策划每场讲座，力求满足各种类型的听众的需求，确保每一位参加讲座的听众都能感到愉悦和满意。

（三）成功案例

自创办之初，佛山市图书馆南风讲坛即以听众为中心，将其置于讲座的重要位置，并以此为宗旨。在办馆伊始，该馆便将“尊重人、理解人和关心人”作为自己的服务宗旨之一，并以此为出发点来开展各项工作，如组织读者阅读书目等活动。听众感受到的讲座的独特之处在于其强调了平等和自由的重要性。在面对各种各样的听众时，该讲座为人们大开方便之门，始终秉持着一种开放包容的态度，即只需携带有效证件就可以听讲座。值得注意的是，讲座本身对于传播效果要求并不唯一，若听众对某一观点持有异议或不感兴趣，可随时离去，抑或是因为兴趣在演讲结束后与专家交流探讨。讲座中充满了一种人文关怀，从某种意义上说，它就是一个人心灵成长、人格完善的过程。这股独特的人文气息赋予了许多人身心的自由并充盈了他的精神世界，使得“以人为本”的理念得到了最充分的体现。

四、品质至上原则

（一）创造有品质的讲座

如今，我国的公共图书馆会在一定的时间段内拨出一定的经费来举办一系列讲座，然而这些讲座的质量参差不齐，甚至在同一图书馆举办的不同讲座中也存在差异。有些讲座默默无闻，而有些讲座却座无虚席，这是因为它们的品质高低不同。如何提高讲座的品质呢？简单来说，只有创造出高品质的讲座，才能够赢得更多的听众。为了吸引高品质的听众，讲座作为一种文化产品，必须创造出品质卓越的作品。因此，提高讲座的品质对于增强图书馆的竞争力具有十分重要的意义。讲座的品质是决定图书馆讲座地位的关键因素，它反映了讲座在社会和市民心目中的整体形象，同时也彰显了听众对讲座的信赖。从某种意义上讲，没有高品质的讲座就不可能取得良好的社会效益和经济效益。讲座的卓越品质在主观上体现为高水平的主讲人和具备较强的听众组织能力，而在客观上则体现为内容富有感染力、形式新颖生动。

（二）努力打造讲座品牌

为了打造高品质的讲座品牌，我们需要经过一个漫长的过程，通过不断开展优秀的讲座来实现这一目标。在激烈竞争的市场上，只有不断地推陈出新才能立于不败之地，这也是策划的初衷所在。所以说，讲座的策划者应当时时刻刻保持对精品的高度关注，不仅要具备全局视野，还要注重细节，做事细致入微，充分利用优势资源，精心策划每一个环节，巧妙地通过视觉审美因素传达讲座文化理念，演绎品牌内涵，力求策划出具有广泛影响力和强大生命力的演讲作品。并且，必须建立起讲座所依赖的信誉体系，以确保其持续存在。只有这样，才能使讲座真正成为一个优质品牌。无论是针对听众、媒体宣传，还是针对主讲人和合作组织，讲座策划者都必须保持严谨负责、实事求是的态度，杜绝虚假宣传和言过其实的炒作行为。同时，讲座也要注重提高其品质，打造一个具有高格调、高品位的讲座品牌。一旦这些讲座达到一定的品质和数量，讲座品牌就会显露出其特征。

五、创新原则

（一）创新的意义

总的来说，创新已经融入我们日常生活的方方面面。在商品经济中，回顾品牌的发展历程，很多老品牌已然消亡，被新品牌所取代，这其中一个重要的原因就是产品缺乏创新能力。所以说，讲座的形式和内容要随着时代的进步不断地丰富、拓展，而讲座策划者则需要在观念上进行革新与转变。在策划中，创新是至关重要的元素，更是其精髓所在。要想使品牌长久存在，必须不断进行创新，推陈出新。

（二）讲座策划的创新

图书馆的公益讲座应适应时代的变化，其生命力的源泉在于与时俱进、不断创新发展的精神。只有通过大胆的想象、严格的求证和用心研究讲座的特点和规律，运用创新的思路和手段精心策划每一场讲座，追求极致，才能让每一场讲座都呈现出全新的内容、方式和形象，从而点燃听众的热情，激发他们对讲座内容的兴趣，进而扩大潜在听众的规模，促使讲座品牌永葆活力。

（三）成功案例

在北京地区，众多讲座品牌琳琅满目，包括国家图书馆的“文津讲坛”、现代文学馆的文学系列讲座、中央电视台的“百家讲坛”等，每一场讲座都独具特色，引领着潮流。这些讲座都取得了较好的效果。首都图书馆所采用的“首图讲坛”策略，以北京历史文化为主题，开设了“乡课堂”，这一独特的文化视角吸引了越来越多的北京市民的目光，使其成为极具盛名的讲座品牌，我们对其进行深入研究之后可以发现，其成功的关键在于选题的创新和独具特色。“乡课”的内容包括历史名人故事、乡土民俗及传统知识三个方面，在选择材料时注重贴近实际、贴近生活、贴近群众。这一创新的演讲形式拓展了演讲的辐射范围，扩大了服务范围，实现了演讲资源的循环利用，并将演讲推向了全新的发展境界。从这个意义上说，讲座策划具有重要的现实意义和深远的历史意义。

六、可行性原则

（一）进行可行性分析

唯有那些具有实际可操作性的演讲策划才是有意义的，否则它们只是一纸空文，毫无实际意义。对于讲座的可行性分析，需要借助以往经验和严谨细致的听众调查，并对周围环境进行研究预测，对举办能力进行整体评估，以论证讲座在举办过程中所面临的问题以及可以带来的利益效果等，从而决定讲座是否需要继续运营。从某种意义上讲，策划也就是一种决策。为了确保策划的实际可行性，策划者必须在现实条件的基础上进行周密的规划和谋划。所谓筹划，就是根据实际情况确定目标或设想。若未具备相应条件，则以耐心等待为佳。所谓“等待”就是要有充分的思想准备，并根据实际情况及时调整思路、方法、手段、措施。在等待的同时，我们应该积极地创造有利条件，这是一种明智而正确的行为。

（二）注重运行性，争取有效性

讲座的成功与否，关键在于其策划的实施和执行是否得当。讲座策划应以实际需求为出发点，根据不同对象制订相应的内容计划和实施策略。只有将一份演讲策划方案付诸实践，才能使其具备实际意义。讲座策划是一门科学，它需要不断地学习和实践。在演讲策划的过程中，必须高度重视运行性的重要性，因为常常会出现计划无法跟上变化的情况。讲座策划运行是一项复杂而庞大的系统工程，需要多方面力量相互配合才能完成，其中最主要的还是资源的支持。在考虑到人力、物力、财力的支撑以及天时、地利、人和的时势的前提下，每一个微小的细节都必须充分重视。为了确保策划的顺利运行和实施，必须根据实际情况做出精准的判断，并及时发现问题并解决。

讲座策划的最终目的在于追求卓越的成果。所以说，讲座的可行性要求讲座策划者在策划实施过程中积极主动应对可能出现的各种困难和障碍，提出可行的解决方案，采用有效的方法和途径对不合理的环境和因素进行修改与纠正，以最少的成本和消耗争取最大的效益，从而圆满地实现策划的预期目标。

第三节　图书馆公益讲座的整体策划

一、调查分析

要做好工作，需要有适合的工具。首先应认真详尽地调查，然后对结果进行综合分析，这样才能使讲座的策划工作高屋建瓴、有条不紊、有针对性。正如古语所说“工欲善其事，必先利其器”。调查是策划工作中必不可少的利器，通过充分的调查分析，能够为讲座提供更有针对性和有效性的策划方案，从而达到更好的效果。

（一）了解环境

环境对于每个人或组织而言都起着十分重要的作用，每个人或组织离开特定的环境就无法生存和发展。讲座工作亦然，它是社会活动的一部分，紧密联系着当前社会的大环境，并随之发展。因此，在进行讲座调查分析时，需从对社会环境的认知出发，全面了解周边环境，并深入了解其发展，从而确保讲座能够充满活力。只有通过对环境的洞察和了解，才能为讲座提供更精准、更具针对性的策划，确保其与社会环境相契合，并具备持续的生命力。因此，讲座调查分析是讲座工作不可或缺的重要环节，能帮助人们把握环境的脉搏，为讲座的成功举办提供坚实的基础。

1. 了解环境的方法

①为确保讲座策划的可行性，需要通过多角度的观察、倾听、提问和查找来

了解社会大势。为了确保讲座的持续活力，进行讲座调查分析时需要从了解社会环境开始。这要考虑环境对讲座工作的要求以及有利条件和不利条件等因素，并对社会环境的特点进行综合考量，深入了解环境的发展变化情况，以及研究讲座与环境之间的关系和地位。通过这种方式，能够全面把握社会环境的特点和趋势，为讲座策划提供可行性的基础。因此，策划者需要加强对社会环境的认知，深入了解其对讲座工作的影响，以便能够灵活应对各种环境因素，并确保讲座的成功举办。

②为确保讲座选题具有高度的时代特征，策划者要关注科技、人文等社会议题，同时把握政治、经济、法律趋势。同时，还应关注于城市文化、科技创新、人文环境、素质教育等社会发展的热点议题。通过这样的努力，能够确保讲座选题与时代紧密相连，具备广泛的关注度和吸引力。因此，策划者需要密切关注社会的发展动态，深入研究各个领域的前沿进展，以便选择与时代潮流相契合的讲座选题。

③为了有效地推广讲座，可以通过新闻媒体对讲座进行宣传，但要提前进行深入的调查以了解不同的新闻媒体对讲座持有何种态度，以及对讲座的传播力度。

2. 策划者的态度

①策划者应通过关注社会动态，积累充足的信息和知识等方式，拓宽视野。这样一来，策划者就能够具备较强的社会热点敏感性。

②讲座策划者的人文素养往往决定着图书馆讲座的品位水平。在讲座策划中，策划者应持有谦虚谨慎的处事态度，对于未知或已知的知识，如中国历史、世界历史以及国际关系等进行学习与巩固。可以说，只有不断学习和充实自己，才能在更高的层次上持续发展。

③要保持冷静的态度，仔细观察周围的人和事。对于讲座策划者来说，对生活的体察是其工作的基础。只有从生活角度出发，以人为中心，讲座策划者才能够发掘丰富的素材。

（二）听众调查

公共图书馆服务的大众无论从年龄还是学识等方面都存在不同程度的差异。听众是讲座工作中至关重要的组成部分，也是决定讲座成败的关键因素。听众对讲座信息的了解程度和对讲座效果的认同度在很大程度上影响着讲座的成功与否。因此，为了办好讲座，策划者需要与听众直接接触。倾听听众的声音是至关重要的，因此可以定期或不定期进行听众调查。

1. 听众调查的目的

①了解听众获取讲座信息的途径和知晓率等相关信息。

②及时把握听众观点及成因，并收集听众对讲座未来发展的意见和建议。

③准确定位听众的主要组成，识别不同类型的听众群体，明确谁是支持者、反对者和边缘听众。

2. 听众调查的方法

（1）观察询问

观察法主要通过观察听众的语言表达（包括提问）、神态、行为表现、内容选择等，了解听众对讲座的兴趣程度和喜好程度，以及参与讲座的时间长短。

询问是通过与听众互动和交谈的方式，向听众提出问题、征询看法，了解对方的体验和感受，进而了解听众的相关背景信息，如个人气质、文化程度等。这种方法要求通过与听众的真诚沟通，收集大量第一手资料并综合分析，全面了解听众的需求，逐步建立稳定的联系，并形成固定的听众群体。这样的调查方法能够从根本上增进对听众的了解，促进与听众之间的紧密互动。

（2）问卷调查

在现代社会中，调查问卷是一种常见且高效的数据收集工具，也被称为“调查表”。调查者会根据特定的调查目的精心设计问卷，用于收集信息资料。问卷调查在听众调查中扮演着重要的角色，是一种被广泛采用的方法之一。通过问卷调查，调查者能够有效地获取听众的反馈和意见。在问卷调查中，受调查人群的积极配合对于调查的顺利进行具有重要影响，由于这是一项面向广大群体进行的调查活动，所以在实施过程中常常会面临一些困难。获得准确可靠的听众信息是进行问卷调查活动的目的。

常见的调查问卷一般分为自行填写式问卷和面访式问卷两种。自行填写式问卷通常是由图书馆的工作人员将问卷发放给参与调查的听众，然后由听众根据个人情况对问卷进行填写。而面访式问卷则与之不同，其不进行试卷的发放，而是由图书馆相关工作人员与听众进行面对面的交流，交流以访谈的方式进行，工作人员以提前设计好的问卷或大纲为主线，对听众进行提问，工作人员进行问卷的填写或记录。选择合适的问卷形式能更好地满足调查的需求，为图书馆的讲座工作提供有价值的反馈和改进方向。

一份优秀的调查问卷应兼顾内容和形式两个方面。在内容方面，一份出色的调查问卷应满足以下几个要求：首先，问卷应能有效完成调查任务和目的；其次，问题应具体、清晰，突出重点，整体结构合理；最后，问卷应便于统计和整理数据。在形式方面，要求问卷的版面美观、整洁，便于受访者阅读和填写。通过及时进行形式和内容的优化，可以确保问卷调查表的质量和有效性。

一份调查问卷通常由说明信、调查内容和结束语三个部分组成，以下是对各部分的详细描述。

说明信：这是一封简短的信函，由图书馆写给听众，主要解释调查的目的、意义、选择方法以及填写说明等内容。信函的开头应包含敬称和感谢单位的致辞。

调查内容：调查内容是试卷的关键部分，其中不仅涵盖所有问题，还涉及每个问题的回答方式以及指导语。通常情况下，问卷的开头部分应设计相对简单的问题，给受访听众一种轻松愉快的感觉，中间部分最好安排一些核心问题。此外，应尽量避免主观性问题，或者将其改成客观性问题的形式。如确有必要，可将这类问题放在问卷的最后。

结束语：通常位于问卷的末尾，用于简要地感谢听众的合作。同时，也可以征求听众对问卷设计和调查本身的意见和感受。这部分可以提供一个机会，让听众表达他们的想法和建议。

通过以上三个部分的完善，一份调查问卷可以更好地达到调查目的，提供准确可靠的听众信息。同时，合适的问卷设计还能够促进听众的积极参与和反馈，增强问卷的有效性和可信度。

网上访问方式：这是一种通过互联网制作并进行调查的问卷形式。该方式不受时间和空间限制，便于获取大量信息。

图书馆可以根据具体情况选择适合的方式来进行问卷调查。每种方式都有其优缺点，应根据调查目的和资源条件进行选择，以提高问卷的有效性和回收率，从而获取准确可靠的调查结果。

（3）召开座谈会

为了更好地了解听众的需求，图书馆可以经常组织座谈会，邀请讲座主讲人和忠实听众参与其中。在座谈会上，鼓励听众自由发表意见和提出建议。听众有机会直接提出问题并表达自己的意见，就会事先准备充分，以便能够参与到座谈会的讨论中。这样的座谈会为图书馆和听众之间搭建了沟通的桥梁，促进了双方的交流与互动。在这样的座谈会上，问题和意见都能够得到真实而详尽的解释，所以这种座谈会成为讲座调查的一种有效方式。通过与听众的互动，图书馆能够更好地了解他们的需求，进而提供更贴近听众需求的服务和活动，实现与听众的良好互动与沟通。

以上海图书馆为例，其成功地运用了“外脑”的理念来组织讲座策划活动。每年年末和年初，上海图书馆讲座中心会举办咨询会，邀请一些主讲人和听众参与其中，并提供了一个进行头脑风暴的平台。这个咨询会不仅用于整体讲座活动的规划，同时也为寻求创新和发展的建议提供了机会。通过这种方式，讲座活动得到了极大的推动。这种开放性的交流和合作模式为讲座活动的持续创新和进步提供了强大的动力。类似地，为了提升讲座活动的水平，黑龙江省图书馆的“龙江讲坛”积极引入外部智力。充分利用高校、社科院等机构的资源，邀请专家参与相关策划工作，以确保讲座的质量和内容的丰富性。这种开放合作的举措使得讲座活动能够得到更多专家和学者的支持，为听众提供更加丰富和高质量的讲座体验。

通过借鉴以上经验，图书馆能够更好地与外部资源合作，利用意见交流的方式推动讲座活动的发展，进一步满足广大读者和听众的需求。

组织座谈会，要合理组织会议现场，选择适合的参会人员。参会人员的语言表达能力和思辨能力对于座谈会的成功至关重要。可以从固定听众群中挑选一些人参加座谈会。如此，能够有效组织主讲人和听众座谈会，充分了解听众的意见和建议，推动讲座活动的改进和发展。同时，这也能增强听众的参与感和满意度，提升座谈会的效果和影响力。

（4）开设 BBS 网络论坛

为了及时宣传讲座信息，讲座活动可以在图书馆网站、政府网站或其他民间网站等突出位置进行发布。同时，还可以开设专门的论坛，鼓励公众积极参与讨论。通过这些渠道，工作人员可以与市民进行直接对话，收集信息并回答他们的疑问。这种互动平台不仅实现了信息的传递和获取，还促进了讲座活动与社会大众之间的密切联系，为讲座的成功举办和提高参与者的满意度提供了有力支持。

（5）建立讲座“博客”

通过博客的虚拟性和公开性，普通人得以拥有一个独特的个人空间，这在现实生活中是很难找到的。博客成为人们表达自己观点和主张的重要平台，保障了他们的话语权，并且还发展成为舆论监督的关键渠道。在讲座领域，讲座博客起到了重要作用，为发布讲座信息以及更多相关资料和观点提供了解决方案。通过讲座博客，人们可以更加便捷地获取讲座信息，并且深入了解相关话题，从而实现知识的传播和思想的交流。为了有效地传达讲座信息、主讲人介绍以及主持人的观点，讲座组织者可以利用博客平台。市民们也可以借此表达自己的看法。这种多元化的服务不仅能够为讲座规划提供有价值的参考，而且使得讲座更加活跃，互动性更强。通过博客平台的互动，讲座活动得到了更广泛的参与和交流，进一步丰富了讲座的内容和意义。

（6）开通读者“QQ 群”

图书馆通过开设讲座听众 QQ 群，能够及时发布讲座信息。通过这种方式，图书馆能够与读者建立更紧密的联系，促进信息的传递和交流。这种使用 QQ 群组的方式为图书馆与读者之间的互动提供了便捷渠道，使得讲座信息的传播更加高效和便利，同时也加强了读者对图书馆的参与和关注。这样的交流平台不仅仅是一个信息传递的工具，更是图书馆与听众之间建立密切联系的桥梁。通过这个平台，图书馆可以与听众进行实时互动，分享最新的讲座信息、资源和活动安排，同时听众也能够表达意见、提出建议，以及与其他听众进行交流和讨论。这种双向的互动促进了图书馆与听众之间更深入的理解和合作，提升了沟通效果，并为图书馆与听众之间建立了更加紧密的关系，共同推动了知识的传播和分享。

（三）综合分析

综合分析是通过广泛收集、整合和梳理全面的实际调查数据，以及制作详尽的分析报告，从而实现对情况的全面研究和深入理解的过程。在综合分析中，调查材料被广泛获取，并经过仔细筛选和组织，以揭示事实、趋势和关联。最终，通过综合分析报告的形式呈现。基于这些分析结果，制订出可行的策划方案，旨在兑现对服务的承诺。深入研究听众的需求和心理状态，全面考虑各种因素，以确保策划方案能够真正满足听众的期望，并为其提供有意义的体验。通过这种综合分析的方法，能够更好地了解听众，提供高质量的服务。

二、定位

美国的阿尔·里斯（AL Ries）先生和杰克·特劳特（Jack Trout）先生在20世纪60年代末，首次提出了“定位”这一概念。这一概念的影响深远，为企业的市场定位和品牌发展提供了重要的思路和准则。

“定位”这一概念同样适用于人文建设领域。讲座品牌建设旨在为图书馆的服务赋予独特的个性。讲座的定位的核心目的是通过引导读者对讲座形成一种特定的观点认知，从而加强讲座在听众心中的印象。这样的印象不仅能够与听众建立起长期稳定的关系，而且可以影响讲座团队在举办过程中制定和坚持品质标准。通过明确的定位，图书馆能够树立独特的形象和声誉，与特定听众群体建立紧密联系，满足他们的期望和需求。讲座品牌的定位为讲座团队提供了指导和参考，使他们能够在讲座策划和执行过程中保持一致性和专业性。这种一致性不仅体现在内容和形式上，还包括讲座的交流方式、演讲者的风格以及与听众的互动方式。通过坚持品质标准和与听众的持续互动，讲座团队能够与听众建立起信任和共鸣，巩固讲座品牌的地位。这个过程是为了确保讲座能够在竞争激烈的环境中脱颖而出，形成独特而有吸引力的讲座形象，吸引更多的听众，并为他们提供有价值的内容和体验。对于讲座定位而言，其内容主要包括以下几个方面。

（一）文化底蕴

1. 城市文化个性与“文化自觉”

每个城市都拥有独特的文化特色和风格，这是因为城市的土地和环境孕育了不同的人群。

每座城市都承载着独特的文化基因，这是因为不同的城市具有不同的地理环境、历史背景和社会发展历程。这些因素共同塑造了城市的文化特色和个性。城市的文化是一种精神财富，是城市的精髓所在，反映了城市居民的信仰、价值观和行为方式，对城市的发展和形象起着重要的影响。对于一些城市建设者而言，并不理解城市的“精神”与城市的“形态”之间存在的辩证关系，因此忽视了城市文化精神的重要性，甚至无视其存在。费孝通先生提出“文化自觉”的概念。“文化自觉”涵盖了那些身处特定文化传统中的个体，对于其所属文化的起源、文化形成的历程、文化的历史特点以及文化未来的发展方向等方面的认知和思考。这种自觉性使人们更加注重文化的内涵和品质。在“文化自觉”的引领下，个体意识到文化的重要性，并通过主动学习、参与和传承，深化自身对文化的认同和理解。同时，他们还积极探索文化创新与传统的融合，为文化的繁荣发展做出积极贡献。这种自觉性促使个体在日常生活中更加关注文化的精神内涵，塑造了一个积极向上、具有创造力和包容性的文化氛围。所以，只有具备高度的“文化自觉”的城市才能展现鲜明的文化个性。

2.“文化自觉”与讲座

众所周知，城市文化载体各具特色，发挥的作用也各不相同，而图书馆则是一种独特的载体，可以说是所有载体中最为特殊的一个。

图书馆的讲座活动以其显著的学术传播效果和便捷高效的学习方式，日益受到市民的广泛追捧和喜爱。这些讲座活动不仅传承着丰富的学术知识，更展现了现代图书馆在培养城市“文化自觉”中的关键作用。通过举办多样化的讲座活动，图书馆为市民提供了一个广阔的学习平台，激发了市民的求知欲望，拓展了思维边界。同时，这些讲座活动也促进了知识的传播与共享，促进了学术与社会的融合，助力社会的进步和文化的繁荣。图书馆作为文化智慧的守护者，借助讲座活动为公众带来了丰富多彩的知识盛宴，推动了“文化自觉”的发展，引领着人们走向更加丰富、智慧的未来。

作为城市“文化自觉”的具体体现，图书馆应当首先展现城市的文化特质，并追求城市精神的升华。讲座活动要凸显历史的深厚底蕴，呈现出城市文化的独特精髓和引人注目的魅力。只有这样的讲座才能真正与城市相契合，为城市的文化建设贡献力量，并使市民更加亲近和认同自己所居住的城市。通过讲座活动，图书馆成了城市文化的守护者和传承者，为城市注入了丰富的智慧和灵感，增强了文化的创造力和多样性。这样的讲座不仅为市民实现了知识的获取和思想的启迪，更为城市的形象塑造和文化的繁荣做出了积极的贡献。

（二）形象设计

西方国家的企业为了适应竞争的需求，开发了一种名为“CI 战略”的经营技巧，也称为“企业形象设计”或“企业识别设计”。该战略旨在通过一致的风格和统一的形象，利用企业的名称、主题词、图案等元素在企业内外传播，旨在给公众和消费者留下系统的印象，从而激发他们对企业的信任和喜爱，产生积极的心理效应。这种策略旨在改善企业的业绩并吸引外界的关注。同样地，在图书馆中，讲座作为重要的公共文化服务项目和公共关系体系的一部分，也需要重视形象设计的作用。

1. 命名

（1）讲座命名的必要性

在中国五千年的文化中，命名一直都是一项重要的事情，不可替代。在商品经济的竞争中，一个出色的品牌名字能够让消费者迅速记住，甚至深刻铭记。就讲座而言，名称是塑造品牌形象的重要组成部分之一。听众根据讲座名称形成了整体印象和基本评价，一提到讲座名称，人们就能迅速形成对其质量和服务等方面的整体概念。

（2）讲座命名的方法

讲座的命名并非随意而定，而是需要综合考虑各种因素。在命名过程中，应该具备以下几个特点。

第一：独创性。讲座名称受到法律的保护，因此在命名时需要确保所选名称在允许注册的范围内，以及所命名的讲座不侵犯其他讲座的权益。

第二：亲和性。讲座必须具备亲和力和情感号召力，才能赢得大众的认同和亲近感。因此，在命名时要考虑名称的风格特征、倾向等因素。

第三：发展性。在命名讲座时，需综合考虑多个因素，如图书馆的发展规划、目标听众的需求以及所在城市的发展前景等。这样的综合考量能够确保讲座名称与未来发展趋势相契合，同时满足听众的期望和图书馆的目标。

第四：联想性。讲座的命名通过巧妙运用隐喻或象征，可以激发听众的联想，从而引发听众对讲座内容的深入思考和探索。合理选取与讲座主题相关的寓意，让名称成为一个引人入胜的引子，为听众创造出更加丰富、有趣的想象空间。这样的命名方式不仅能够引起听众的兴趣，还能增强他们的参与感和好奇心，进一步激发他们对讲座的热情与期待。

第五：识别性。讲座的名称必须易读易记，以易于识别和传播。命名时应尽量简洁、独特以展现出独特的个性，体现独特的品牌内涵。

在确定讲座的命名目标后，对命名方案进行查新和申报注册，以确保知识产权的有效保护，使命名能够长久地存在并产生持久的效益。

（3）成功案例

佛山市图书馆的公益讲座名称为“南风讲坛”。这个名称的渊源有两点，首先就其地理位置而言，佛山地处岭南，在岭南文化发展中扮演着重要的角色，其重要性不容忽视。其次，自然界中“风”能够吹遍神州大地，其影响范围很广，因此“南风”寓意着讲座的影响力像风一样大。浙江图书馆所举办的“文澜讲坛”活动源自杭州久负盛名的文澜阁，向人们展现了杭州这座城市深厚的文化底蕴。文澜阁是杭州市内一座历史悠久且享有盛名的文化建筑，位于杭州市区西湖风景区内，始建于北宋时期，距今已有数百年的历史。文澜阁以其独特的建筑风格和丰富的文化内涵而闻名，是杭州古建筑中的重要代表之一。通过“文澜讲坛”，浙江图书馆向公众提供了文化交流平台，让人们有机会深入了解和领略杭州独特的文化魅力。

2. 理念设计

（1）理念概述

“理念”扮演着强有力的思想武器的角色，用以引导和规范企业及其员工的行为，承载着企业向社会传达的宣言和承诺，凸显企业存在的价值，并成为吸引消费者和社会公众的鲜明旗帜。一位行为学家强调，设定一个高远的目标意味着已经成功实现目标的一部分。因此，在商业战场上，理念是企业与外界建立联系、获得认可的关键所在。只有具备宏伟的气魄，才能取得巨大成就；只有从高起点出发，才能达到更高的境界。

（2）讲座理念的设计

讲座的理念设计要定一个高远的目标。这个目标要能够反映图书馆的发展目标。设计讲座理念的关键在于准确把握图书馆发展战略的定位，随后提炼出能够推动该战略实施的文化核心。在设计讲座理念时，还需考虑图书馆的实际情况、城市文化特色以及业务优势等因素，提炼出令人振奋、能够得到各方接受的理念。这样的理念不仅能够转化为图书馆员工的实际行动，还能在外部赢得社会和听众的认同。理念的策划需要综合考虑多方面的因素，确保其与图书馆的特点相契合，并具备吸引力和可行性，从而为讲座活动的成功实施奠定基础。同时，应该准确、独特、简洁明了，具备识别性。只有这样，讲座的形象才能在内部激励人心，对外具有感召力。

（3）成功案例

佛山市图书馆公益讲座的理念是“重塑文化氛围，共建精神家园”，这一明确的理念为讲座提供了强大的精神支持，使其成为源源不断的知识之泉和精神滋养之木。在这一理念的引领下，讲座致力于传播先进文化，以文学、历史、哲学、艺术等雅俗共赏的文化形式为主导，弥漫着浓厚的书香气息，渗透着美妙的文化内涵。

3. 视觉传达

视觉传达在CI设计中占据核心和关键地位，其力量已经超越了语言文字，成为理念表达的重要媒介。标志、标准字和标准色被视为视觉传达系统中的核心要素。这三个要素简明扼要地概括、提炼和抽象了企业或活动的信息，并成功转化为视觉符号，成为企业最重要的特征和基本气质。同时，也作为广泛传播并赢得大众认同的统一标识。

（1）标志设计

为了展示图书馆公益讲座的精神和形象，标志和相关的视觉元素起着至关重要的作用。在设计讲座的标志时，需要通过综合的符号形式将讲座的特点、品质和价值理念等要素传达给听众，以引起他们的认知和联想。这些标志和视觉物品作为强有力的工具，用于传递讲座信息，塑造讲座的独特形象，并与听众建立深厚的情感联系。它们不仅在视觉上吸引人，而且通过视觉表达让人们对讲座有更深入的理解和感知。标志和视觉元素在讲座的宣传、推广和品牌建设中起着重要的作用。通过标志的设计，可以激发听众对讲座的偏好，进而影响讲座的质量和听众的忠诚度。标志设计应注重传达讲座的独特性和价值，以吸引听众的注意并建立与讲座的情感连接。通过视觉元素的巧妙运用，讲座标志能够突出讲座的主题和形象，增强其在听众心目中的形象和认同度。

一个出色的讲座标志应具备独特新颖、引人注目、内涵明确、个性突出、简洁易识、易于记忆、以文化为基础融入艺术构思等特点。

一个好的讲座标志应当综合考虑以上要素，以确保其简洁明了、个性突出、富有文化内涵和艺术构思。这样的标志能够有效地传达讲座的形象和价值，并在观众心中留下深刻的印象。

广州图书馆的“广州文化讲坛”标志（图 5-3-1），采用了红色的木棉花作为背景元素。其中，“广州”以行书形式呈现，“文化”中的“化”字右侧勾勒出一个木棉花瓣。整体设计以红色和黄色相互映衬，明暗色调和谐一致，融合动静之美，充分体现了“广州文化讲坛”开放与包容的创办理念。

黑龙江图书馆的“龙江讲坛”标志（图 5-3-2）的主要图案，是以拼音首字母“L”和“J”变形的形式象征着黑龙江。在设计中，背景图案经过精心构思，采用了由社科和社科联的拼音首字母“S”组成的独特组合，寓意着对社科联和社科普及事业的深入关注和支持。红色图案代表主办方以省委、省政府的中心工作为导向，以推动学科的繁荣与发展。蓝色图案象征着讲座所服务的广大听众群体，寓意着覆盖范围宽广如海。而流畅、柔和且具有立体感的线条，则象征着讲座与听众之间互动与交流的融洽，同时传递出一种和谐美感。这些精心设计的视觉元素巧妙地结合在一起，展现出讲座的独特形象，营造出专业、开放和亲切的氛围，给予听众愉悦且有意义的体验。这种视觉表达符号不仅传递了讲座的目标和价值观，也激发了听众对讲座的浓厚兴趣。

这样的设计使得广州文化讲坛和龙江讲坛的标志在视觉上独具特色，充分传达了它们的内涵。这些标志通过精心设计的图案和色彩选择，为观众带来了一种视觉上的愉悦体验，同时展示了讲座的主旨和宗旨。

图 5-3-1　“广州文化讲坛”标志

图 5–3–2 “龙江讲坛”标志

在我国，大多数图书馆的讲座项目仍处于发展初期，对于讲座的命名相当重视。然而，却未充分认识到标志设计的重要性却未被充分认识和重视。可以说，只有极少数讲座项目拥有正式的标志，这也是限制讲座成为知名品牌的一个重要因素。因此，进一步加强讲座的形象设计和品牌建设，对于讲座项目的发展和吸引更多关注具有重要意义。

（2）其他视觉物品设计

为确保整体风格的一致性，招贴、宣传单等物品的设计要与讲座的标志相协调和统一，使之具备良好的视觉识别功能。通过与讲座标志的和谐搭配，这些视觉物品能够在视觉上强化讲座的形象，为听众提供一种独特而连贯的体验，进而增强讲座的可辨识度和记忆性。为达成此目标，可运用一致的字体和色彩组合，并通过标志的应用来突显讲座的特质和属性。这种设计方法能确保视觉物品与讲座之间建立起有机的关联。

（3）讲座策划者与视觉传达设计

讲座的策划者需要深入了解讲座在城市文化建设中的重要性，包括讲座的定位、传播目标和品牌策略。此外，他们还需理解决策者对于视觉识别产品的审美期望，以便做出相应的决策。在讲座的策划过程中，这些因素都扮演着关键的角色，有助于确保讲座能够在城市文化建设中发挥出最佳的效果，并赢得观众的广泛认可。为达成此目标，必须与设计相关人员进行充分合理的沟通，助其成功构建设计框架。选择的主题与要素需要形成一个统一的设计系统，赋予其生命力。通过传播确保讲座的形象能够长期地产生影响。

三、场地选择

至今，尚无定量标准能够明确一个适当而有效的讲座所需的物理空间大小。讲座场地的尺寸、座位数量、位置高低以及讲座的成熟度和声誉等因素都会对其物理空间的要求产生影响。在现代城市生活中，考虑到人口密集和噪声干扰的问题，为保持讲座现场的氛围，需要选择一个相对封闭的场地。过于宽敞开放的空间可能带来组织上的困难，而多余的座位则可能影响主讲人的情绪，妨碍其快速进入最佳演讲状态。此外，过大的空间还可能影响讲座的交流质量和效果。因此，在讲座策划中需要谨慎考虑场地的大小和座位的数量，以营造一个有利于互动和沟通的环境。然而，如果讲座场地过小，只能容纳有限的听众，将限制讲座的影响范围。因此，在选择图书馆中的讲座位置时需要慎重考虑。不应过于偏僻或处于高处，最好将其与其他图书馆业务活动区域分隔开，同时也要充分考虑安全因素，以确保在突发事件发生时能够迅速疏散人群。根据国内众多成功的图书馆讲座经验来看，一个能容纳 200 至 400 个座位的场所较为理想，既能满足需求，又能充分发挥其潜力。这样的空间规模不会过于狭小或过于宽敞，有助于主讲人与听众的交流与互动，进一步提升讲座的社会影响力。

四、整体规划

讲座的整体规划是指在特定的时间范围内对讲座进行详细的工作计划和安排，其中包括确定讲座的周期性和类型等关键问题。通过系统化的规划，可以逐步将讲座从不定期状态转变为有计划地定期举办，由无序的安排过渡为有条不紊的计划，实现多样化的发展。这样的规划不仅能够给听众留下深刻印象，吸引和保持他们的兴趣，还能满足他们多样化的需求，提升讲座的质量和影响力。通过精心进行的整体规划，讲座能够更好地满足听众的期待，增加其吸引力。讲座的整体规划通常按照不同的计划周期进行，可以是年度、半年度或月度等计划。包括年度计划、半年计划或月度计划，具体的规划时间可以在前一年结束时、6 月底或每月月底等时段进行。通过合理的规划，讲座可以更有序地进行，确保各项活动的顺利开展，同时也能更好地满足听众的需求和期待。精心策划的讲座计划能够提前预设目标、明确活动内容，并合理分配资源，为讲座的成功举办奠定坚实的基础。通过规范的计划安排，讲座活动将更具连贯性和持续性，提升其影响力和吸引力，实现优质讲座与听众之间的良好互动。

（一）周期和时间规划

每场成功的讲座都需要根据听众需求而设计一个适宜的周期。对于公共图书馆而言，讲座必须面对多样化和多变化的听众结构，因此周期必须具备一定的稳定性和灵活性，以便在快节奏的现代都市生活中，能够培养广大听众定期参与讲座的习惯。这样的周期设计应当能够满足不同听众的需求，提供多元化的主题和内容，确保讲座在吸引力和参与度方面具备可持续性。如果以一个月为周期，让听众养成固定的讲座参与习惯在现代都市生活的快节奏中较为困难，因为这个周期太长了。而以一天为周期则不符合社会大众和国家规定的节假日及休闲时间，组织者很难适应这样的安排。另一方面，如果每周多次或每日一次举行讲座，除非是资源丰富的图书馆或大众传媒，一般的公共图书馆难以维持这样的频率。过于密集的讲座安排不仅容易导致话题的枯竭，也容易让听众感到审美疲劳。因此，在制定讲座周期时，需要找到一个平衡点，既能满足听众的需求，又能保证讲座的可持续性和吸引力。实际上，每周一次或每两周一次的频率较为适宜，时间最好安排在周末。这样的周期安排既能满足听众的参与需求，又能保证组织者的可持续性和效果。

（二）类型规划

1. 按讲座形式划分的类型

在讲座形式上，可以根据场地的不同将讲座划分为流动讲座和阵地讲座两种类型。

流动讲座是指在不同场所或地点进行的讲座，可以适应不同群体和地区的需求，具有灵活性和广泛性。这种形式的讲座常见于社区活动、学校巡回讲座等，通过走进不同的社区、学校或机构，将知识和信息传递给更多的人群。

阵地讲座则是在固定的场地进行的讲座，通常在图书馆、会议室或演讲厅等专门的场所举行。这种形式的讲座具有稳定性和专业性，可以提供更好的讲座环境和设施，使听众能够更加专注地参与和倾听演讲内容。

通过这两种类型的讲座形式，可以满足不同场景和需求下的讲座活动。流动讲座可以突破地域限制，接触更多的人群，促进社会的普及教育和知识传播。而阵地讲座则为听众提供了更加专业和深入的讲座体验，以及更高质量的知识分享和学习机会。这样的多样化讲座可以丰富讲座的内容和形式，提升听众的参与度和满意度。

2. 按讲座内容划分的类型

除了根据场地不同将讲座划分为流动讲座和阵地讲座，在讲座内容类型上，还可以根据讲座的连续性分为系列讲座和专题讲座。

系列讲座是一种有机连接、具有连续性的讲座活动，其特点在于一系列相关主题或内容相互衔接、紧密联系，旨在通过多个环节的讲座，逐步拓展听众对特定领域或主题的知识和理解。这种讲座形式常见于长期教育项目、学术研讨会以及专业培训课程等场合。通过系列讲座，主办方能够有计划地深入探讨特定领域或主题的不同方面，为听众提供系统化的知识和信息。每个讲座环节都以前一环节的内容为基础，引导听众逐步延伸和扩展知识体系。这种有序的知识呈现方式有助于听众建立全面的认知框架，逐渐形成对复杂主题的深入理解。系列讲座的目标是促进听众的学习与思考，培养他们的分析能力和批判思维。通过逐步深入探讨特定领域或主题的不同方面，听众可以更好地把握主题的内涵与外延，拓展思维边界，从而更准确地理解和应用所学知识。

与系列讲座相对应的是专题讲座，它更加聚焦于特定主题或领域的独立讲座活动。专题讲座通常是一次性的、具有强烈针对性的活动，旨在深入解析和讨论某个特定话题。这种讲座形式常见于公众讲座、行业研讨会等场合，通过专注于特定议题，为听众提供有针对性的知识和见解。专题讲座的特点在于其独立性和集中性。每个专题讲座都以某个具体议题为核心，通过深入探讨、详尽解读，帮助听众全面了解和深度洞察该主题。这种讲座形式强调的是深度而非广度，通过专家或权威人士的讲解，将焦点集中在特定领域或话题上，为听众提供精准、有针对性的信息。专题讲座的目的是实现听众对特定议题的全面认识，帮助他们在短时间内获取相关领域的精华内容。这种形式的讲座通常会涵盖议题的不同维度和角度，通过深入剖析和详细讲解，使听众能够迅速了解该领域的最新动态、发展趋势和重要概念。

通过系列讲座和专题讲座的区分，可以更好地满足不同听众的需求和兴趣。

系列讲座可以提供更全面和系统的知识体验，使听众能够逐步深入了解特定领域的知识。而专题讲座则着重于对某个具体话题的深入剖析，为听众提供有限但集中的信息和见解。这样的多样化讲座形式可以更好地满足听众的知识需求，为其提供丰富多样的学习体验。

3. 整体规划的步骤

各类型讲座可以同时进行，也可以分别举办。而要确保讲座活动的有序和高效开展，一个合理的整体规划是必不可少的。整体规划的第一步是明确讲座的目标和定位。确定讲座的目标有助于明确讲座活动的核心价值和所要传达的信息，同时也有助于明确目标听众群体，并为后续的规划提供方向。第二步是确定讲座的周期和频率。根据讲座的性质和目标听众的需求，确定讲座的周期。有些讲座可能需要定期举办，如每月或每季度；而有些讲座可能是一次性的特殊活动。确定讲座的频率有助于合理安排资源和时间，确保讲座能够持续进行。第三步是选择合适的讲座形式和内容类型。根据听众的需求和讲座的目标，选择合适的讲座形式，如系列讲座或专题讲座。同时，根据讲座的主题和内容特点，选择适合的讲座内容类型，如学术讲座、实践分享、行业洞察等。第四步是确定讲座的时间和场地。根据讲座的性质和目标听众的日常习惯，选择适当的时间段举办讲座，以提高参与度。同时，选择合适的场地也是至关重要的，场地要能够满足听众的容纳需求和舒适体验，并提供必要的设施和技术支持。整体规划的第五步是宣传和推广讲座活动。通过多种渠道和媒体进行宣传，如社交媒体、网站公告、传单分发等，吸引目标听众的关注和参与。同时，与合作伙伴、相关机构和社区建立合作关系，共同推广讲座活动，扩大影响力。

以上整体规划步骤的合理安排和实施，充分考虑了讲座活动的组织、宣传和推广方面，从而为听众提供高质量、有价值的讲座体验。

4. 成功案例

以吉林省图书馆为例，他们于 1995 年启动了名为“休闲时光话读书”的系列讲座，恰逢国家开始实行“双休日”。该图书馆每周日举办讲座，旨在引导观众从娱乐型休闲转变为文化型休闲。这样精心策划的讲座计划为读者提供了丰富的文化体验，促进了知识的传播和共享。至今已举办超过 350 场讲座，这一连续性的讲座安排积累了一批稳定的听众群体，充分验证了系列化理念的有效性，并带来了显著的规模效应。此外，国家图书馆、首都图书馆等机构实现了具有一定规模的定期系列化讲座。这些成果不仅丰富了讲座活动的内容，也增强了听众参与讲座的兴趣和积极性。通过精心策划和组织，这些图书馆为公众提供了丰富多样的知识盛宴，为社会文化进步做出了积极贡献

第四节　图书馆公益讲座的详细策划

一、选题

（一）选题的必要性

在图书馆讲座的成功要素中，可以从恰当的主题、合适的主讲人以及忠诚的听众三个方面进行考虑。讲座的主题是给听众留下第一印象的关键，也是吸引听众的重要因素，同时也是主讲人展示智慧和才能的前提条件。因此，选择与听众兴趣和需求相契合的主题是确保讲座成功的重要一环。同时，合适的主讲人具备丰富的知识和经验，能够生动地传达信息并引发听众的思考和共鸣。忠实的听众是讲座成功的基石，他们的积极参与和支持是讲座长期稳定开展的关键保证。因此，建立并维护忠实的听众群体对于讲座的持续发展至关重要。市民是否愿意参加讲座很大程度上取决于讲座的主题。讲座的选题是讲座策划者在构思和策划过程中的重要环节。他们根据特定的原则和要求，对收集到的相关信息进行提炼、筛选和改进，以确定最合适的主题。在选题过程中，策划者需要综合考虑多个因素，如目标受众需求、社会文化背景和讲座目标等。通过精心选择合适的主题，策划者可以确保讲座内容的质量和吸引力满足听众的期望，并达到预期的效果。因此，在讲座策划中，选题的重要性不可忽视。选题要贴近听众的关注点，有针对性地呈现内容，激发听众的兴趣和好奇心，使他们更愿意参与和支持讲座活动。

（二）选题的要点

在选择合适的讲座主题时，面临着无尽的可能性。不同主题的讲座满足了不

同听众的需求，即使是同一主题的听众，对该主题的需求程度也会有所不同。为了吸引更多的听众，讲座策划者需要深入思考，并按照以下要求进行选择和确定合适的讲座主题。

1. 突出讲座定位，反映讲座内涵

在确定讲座主题时，并不要求每个讲座都能满足每个人的需求，这是由于讲座的听众的构成复杂且多样化，但讲座的定位必须有特定的听众群体。有些图书馆刚刚起步开展讲座业务，在经验、人力、物力等方面不完备，想要获得关注并得到全面的支持相当困难。培养一个固定的听众群是首要任务，因而在主题的选择上，不必强求选择每个人都感兴趣的点。文化本身是一种缓慢而持久的力量，培养听众群体和提升听众水平需要时间的积累。开展公益讲座不能贪多求全，更不能指望一次性取得巨大成功，而是需要有重点地选择主题，把握前沿方向。

为了准确传达讲座的内涵和理念，需要明确讲座的定位，并精心选择讲座主题和主讲人。在选择过程中，要审慎考虑，筛除肤浅的内容，保留真正有价值的部分。形成一个稳定的听众群体是一个长期的过程，需要持之以恒的努力和有效的沟通。通过这些努力，讲座能够持续吸引听众，并与之建立起紧密的互动关系，从而提升讲座的影响力和质量。

2. 体现城市个性，彰显文化魅力

讲座是城市文化个性的表现，体现了城市的文化自觉。讲座的底蕴和基础应该来自城市文化的积淀。只有不断地汲取本地文化中的养料，全方位展现城市的地方风情和精神风貌，讲座才能更具历史的沉淀感。图书馆拥有丰富的地域文化宝藏，并具备整合城市人力资源和文化资源的独特优势。借助这一优势，策划者可以深入挖掘城市文化的深厚底蕴，策划出具有地方特色的讲座主题，创造出独一无二的风格和魅力，这样的讲座能够推动地方文化的传承和发展。

目前，在我国图书馆界，有许多地区已经成为图书馆讲座的活跃地带。

上海一直以来都是一个开放度高、包容性强的城市。与传统中国城市不同的是，上海更符合马克思所描述的市民社会的特征。无论来自何方，只要接受了上海文化的“洗礼”，就成为这个部落的一分子。上海图书馆的“城市教室”满足了上海人在文化认同上的需求，展现了上海城市部落文化的特色。这个教室为人们提供了一个学习、交流和体验上海文化的场所，促进了社区成员之间的互动与共享。通过这个教室，人们能够更深入地了解和体验上海的城市文化，加强对这个城市的归属感和认同感。

广东的文化独具特色，因其位于岭南地区，从建筑到饮食等方面展现出迥异的个性和独特风貌。广东省立中山图书馆的“岭南学术论坛”以及广州市图书馆的“广州文化交流讲座”秉持着岭南文化的核心价值，吸纳各个领域的精华，探讨多样议题，旨在不断提升民众的精神生活水平和文化素养。这些论坛为推动中国社会经济发展提供了重要的智慧和建议。通过举办这些讲座活动，人们得以深入探索岭南文化的独特魅力，分享知识与经验，促进文化交流与融合，为社会进步和发展贡献力量。

作为地处四川盆地的“天府之国”，成都具有优越的地理位置和丰富的物产。“成都讲坛”是由成都图书馆主办的一项活动，其独特之处在于邀请市政府官员就市民所关心的话题进行答疑解惑。参与的官员来自市公安局、教育局等职能部门，他们与市民面对面交流，第一时间传递涵盖衣食住行等各个方面的权威信息。这种关心民生、关怀民情的做法与成都的民风密切相关。在这个讲坛上，市民可以深入了解政府的工作，同时也能提出自己的疑问和建议。这种开放、互动的形式旨在增进政民之间的沟通与理解，促进社会的共同发展。通过“成都讲坛”，成都图书馆为市民提供了一个宝贵的平台，让他们更好地参与城市治理、分享权威信息，并共同创造更美好的生活环境。

3. 把握热点，关注社会

讲座策划者需要具备敏锐的观察力，能够及时捕捉社会热点问题，并做出果断的决策。首先，需要从深入分析社会的大势出发，全面把握经济与政治的整体趋势。在选题时，需要以党和国家工作的重点为中心，并兼顾广大听众关心的热点、难点和重点问题。选题应具有生动活泼的特色，能够展现当代人的思潮、生活方式、价值观，并融入最先进的理念、知识和技术。为此，我们应注重选题的针对性和时效性，确保讲座内容紧跟时代潮流，满足听众的需求和期待。选题的多样性和多元化也是需要策划者重点考虑的因素，以涵盖不同领域、层次的话题，吸引更多听众参与并获得知识启迪。在讲题的展开上，需要确保正确的舆论导向，能够全面地论述国内外大事，并深入剖析热点、难点和疑点问题。既要有精辟的分析，又要提供丰富的信息，以满足听众对知识和新鲜事物的渴望，提升广大民众的文化素养水平。

4. 贴近听众，通俗而不媚俗

听众是讲座的受众群体，其对讲座内容的认同度直接关系到讲座的成功与否。没有听众的认同，讲座就失去了存在的意义和价值。由于听众来自不同的社会阶层，拥有各异的个人文化背景和兴趣话题。因此，在策划讲座时，需要充分考虑听众的特点和需求，确保讲座内容能够引起他们的兴趣和共鸣。通过精心选择主题、调整讲述方式和采用互动形式，可以提升主讲人与听众之间的互动效果，使听众在讲座中获得更多的启发和收获。为了更加贴近听众，讲座策划者在选择讲题之前需要进行一番调查。通过调查和评估，讲座策划者可以更好地理解听众的需求，选择符合听众兴趣和关注点的话题，以保证讲座的吸引力和参与度。

虽然针对广大市民确定讲题是为了提供面向大众的讲座服务，但这并不意味着讲座会变得低层次或盲目迎合社会时尚。为了满足各类听众对文化的需求，公开讲座的选题要求将专业性、普及性、知识性和趣味性相结合，以简洁明了的方式传递知识和信息。讲座应该采用通俗化和平易近人的形式，将高雅的主题呈现给听众，避免过多的理论性和枯燥乏味的内容，以便更容易引起听众的兴趣和共鸣。讲座的目标是将知识普及化，使之易于理解和接受，从而满足不同人群的阅读需求。通过将专业性与趣味性相结合，讲座能够吸引更多的听众参与，促进知识的传播和文化的交流。通过讲述生动有趣的案例、使用生活化的语言和比喻，讲座能够更好地引起听众的兴趣，提高听众的参与度。讲座的目标是提供有价值的信息，同时满足听众对文化知识的渴望，并以互动和交流的方式促进听众进行思考和学习。然而，也要避免为了迎合听众而盲目追求新奇特的内容，使讲座变得低级和媚俗。重要的是要保持讲座的内涵和质量，不忽视深度和内在价值。选题应综合考虑听众的兴趣和需求，同时注重传递有价值的知识和引起听众启发性的思考。这样的讲座能够满足听众的期待，既兼具趣味性，又不失深度和品质。

二、主讲人选择

毋庸置疑，主讲人是讲座的关键要素，这一点显而易见。主讲人的选择不仅决定了讲座的品质，还展现了策划者对主讲人魅力的发现能力。

（一）主讲人的魅力

1. 人格的魅力

所谓的“人格魅力”是指一个人在性格、气质、能力和道德品质等方面散发出吸引人的力量。这种魅力体现在主讲人的言行举止、思想深度和情感表达中。人格魅力的形成并不依赖于主讲人的外貌或身形，而是源于其具备令人尊敬和喜爱的凝聚力。主讲人应展现出真诚、自信、善解人意和激励他人的品质，同时关注和尊重听众。通过与听众建立情感连接，主讲人能够引起他们的关注和共鸣，从而使讲座产生持久的影响力。这种凝聚力源于个人的性格特点，主要表现为以下方面：理智方面，要具备敏锐的感知能力和丰富的想象力；思维方面，要具备强大的逻辑思维能力，尤其要富有创新意识和创造能力；情感方面，要善于调控自己的情绪，保持乐观、振奋和开朗的心态，保持情绪的稳定和平衡。此外，在人际交往中，能够以欢快的笑声给他人带来快乐，让人精神愉悦。要注意的是，情感、思维和理智的发展是相互关联的，它们共同塑造了一个人的个性和素质。只有在情绪稳定、思维敏捷和理智明晰的基础上，我们才能更好地应对生活的挑战，与他人建立良好的关系，并实现个人的全面发展。拥有人格魅力的主讲人更容易在演讲过程中赢得听众的好感，他们的言论更易被听众接受和欣赏，因此备受欢迎。

2. 思想的魅力

思想是各行各业、各个职位从业者履行职责时所不可或缺的精神资源。先进的思想总是以其强烈的时代感指引着社会前进的方向。具备思想魅力的主讲人有着引人深思的学理基础，他们始终关注社会变迁和人文教化，积极探索推动思想启蒙和公民素养的提升，给人以深刻的启示和思考。他们不固守成规，并且善于抓住时代的议题，以独特的眼光审视当下。他们不仅对文化传承、思想启蒙和人文教育等社会问题有着深刻的洞察力，而且积极建构先进的文化和民族精神框架，敢于大胆地探索历史，并深入思考改革和发展等课题。更为重要的是，他们普遍具备社会责任感，立志通过自身言行来影响人与社会。他们积极承担起引领时代潮流、推动社会进步的使命，为实现个人和社会的共同发展贡献自己的力量。因此，聆听这些主讲人的讲座能够为听众提供新的视角，使他们更好地认识和理解这个时代，踏入更加广阔的世界。

3. 语言的魅力

独特的思想需要语言进行表达，如果不善语言表达，那么这种思想的展现将缺乏审美价值和艺术感，从而导致这种思想理论无法赢得听众的青睐，进而使其难以实现学术和社会价值。很多思想著作因其枯燥乏味而被束之高阁，鲜有人问津。这是因为它们的作者缺乏适当的语言表达能力，无法激发读者的阅读兴趣。同样，影响讲座成功与否的因素有很多，其中主讲人的思想、专业知识和理论功底尤为重要，除此之外，还有主讲人在演讲中运用的语言艺术。

讲座作为一种教学形式，首要任务是确保听众能够理解，毕竟听不懂的话，受益又从何谈起呢？对于图书馆的公益讲座而言，特别是一些大城市的图书馆公益讲座，由于外来人口众多，听众群体十分广泛，一般要求主讲人能够讲普通话，这样能够使大多数人听懂讲座内容。虽然不要求每位主讲人的普通话都像播音员一样标准，但要做到吐字清晰、表达流畅。

除了具备良好的语言表达能力，主讲人还需要具备出色的口才，即常说的“口才好”。只有具备良好的口才，才能在较长的讲座时间内吸引听众的注意力。如若不然，即使主讲人具有丰富的知识和经验，但无法有效表达或语言晦涩难懂，听众将一头雾水，讲座效果自然不佳。

（二）主讲人资源利用

每个讲座组织者都希望能够通过各种渠道邀请顶尖的主讲人，这是他们的共同愿望。在公共图书馆举办的公益讲座中，主讲人的选择范围非常广泛。然而，在选择主讲人的过程中，策划者需要考虑许多因素，如策划方向、服务对象的喜好和接受能力、经费预算、讲座的发展情况以及社会资源的利用等。这些因素对主讲人的选择起到一定的制约作用。

面对这些因素，讲座组织者面临着一系列挑战，然而正是在这样的限制下，他们能够灵活应变，以地域和时机为依据，打造出独具特色的公益讲座。通过深入了解目标受众的需求和兴趣，他们精心选择主题、演讲者和互动形式，以创造一个吸引人且有价值的讲座。他们会根据当地的文化发展程度、社会资源的情况以及目标听众的需求，有针对性地选择主讲人，并确保讲座内容与环境相协调，能够更好地为听众提供有益的知识和信息。这种因地制宜的方式使得每个地区的公益讲座都具有独特的魅力和特色。

1．本地资源

在讲座启动的初期阶段，为了吸引大量听众并降低成本，必须充分利用本地的资源。例如，佛山市图书馆的“南风讲坛”在开始创办时没有稳定的资金支持，因此一直处于自力更生的状态。在邀请主讲人方面，他们主要选择本地的作家、学者、教师等文化和教育界人士。这样做的好处是本地资源丰富，容易联系到并邀请这些人士参与讲座。对于处于大城市的公共图书馆来说，这方面的优势更加显著。举例来说，吉林省图书馆和长春市图书馆位于教育名城长春，它们在讲座启动后采取了一系列与本地高校合作的措施。通过与高校的合作，组织者可以采用高校自荐的方式挑选并邀请学者来举办讲座。这种合作模式可以更好地利用本地高校的专业人才资源，为讲座提供高质量的主讲人。

2．外地资源

相对而言，中小城市的公共图书馆面临着人才资源相对稀缺的挑战，这主要是因为这些城市缺乏大学、研究机构和大型文化机构。然而，这并不意味着中小城市的图书馆无法克服这一困境。相反，它们需要采取积极的措施来解决这个问题。中小城市的图书馆可以充分利用本地资源，包括与当地学校、社区组织和文化团体建立紧密的合作关系。通过与这些机构合作，图书馆可以吸引并培养当地的人才。例如，邀请学者、作家和艺术家来开展讲座和展览活动。这样一来，不仅可以丰富图书馆的文化内涵，还能够提供给听众多元化的知识和体验。图书馆也需要不断拓展外地资源，与其他城市的图书馆和文化机构建立合作伙伴关系。通过合作交流，中小城市的图书馆可以获得外地专业人士的支持并邀请其参与。例如，邀请外地专家来进行培训和指导，共同提升图书馆的服务水平和专业能力。此外，通过参与全国性的图书馆联盟和交流活动，中小城市的图书馆也可以获取更多的资源和机会，与其他地区的图书馆共同发展和进步。

3．资源合作共享

（1）合作

通过积极与各大高校、研究机构、行业协会和专业团体合作，建立起广泛的专家资源网络。除此之外，还可以借助中介公司或个人的支持，以扩大主讲人的范围。通过与这些合作伙伴的合作，策划者能够邀请到更多领域的专家学者参与讲座，确保讲座内容的丰富性和专业性。这样的合作模式不仅为讲座活动注入了新鲜血液，也为听众提供了更广阔的知识视野和更多学术交流的机会。首都图书馆的“首图讲坛”就是由七个板块组成，每个板块都有合作单位。这些合作单位与图书馆紧密合作，共同策划和推动各个板块的讲座活动。他们提供专业知识、资源支持和经验分享，为讲座的内容和质量提供了宝贵的支持。这种合作模式促进了知识的交流与传播，丰富了讲座的多样性。这些合作单位包括政府机构企事业单位和行业协会等。合作单位根据图书馆的选题提供候选人“首图讲坛”的组织者尝试与合作单位联合邀请。通过这种方式，公益讲座能够充分利用各方资源，提供多样化的演讲内容。

（2）共享

共享是几家图书馆联合选择主讲人，并在多个地区和单位之间进行循环流动，以实现主讲人资源的联盟化。图书馆共享使讲座的开展在时间和资金利用方面更加合理化。各个讲坛可以相互交流经验、资源共享，共同努力推动公益讲座事业的蓬勃发展。究其原因，共享模式不仅根据各讲坛的举办时间制定巡讲路线，还相互推荐主讲人，共同邀请主讲人进行巡回演讲。这样有效地共享了主讲人资源，节约了运营成本，提高了效率，并使多方受益。通过共享模式，这些图书馆之间建立了合作关系，形成了资源互补、优势互补的局面，共同推动了公益讲座的发展。

三、讲座形式设计

随着社会的进步和讲座的广泛开展，听众日益增长的文化需求已经无法被传统的简单讲座所满足。因此，还需要创新和改进讲座的形式，以提升趣味性，激发听众的热情，并吸引更多的关注。可以借鉴以下几种方式和方法，根据具体讲座的规模、类型和内容特点进行独立或综合运用，来实现这一目标。

（一）欣赏式

欣赏式讲座采用了一种独特的方式，在主讲人演讲的同时，还穿插了表演、解析、示范等环节。例如，在介绍粤剧表演时，粤剧演员以角色形象亮相，并与主讲人一起进行表演示范。主讲人结合他们的表演，详细讲解粤剧各行当的人物相关特性，使观众全面了解角色类型，使粤剧变得浅显易懂。通过将演讲与表演巧妙结合，赋予了原本枯燥的讲座生动活泼、富有趣味的特点，从而营造出热烈的气氛。实践证明，这种完美的结合不仅能将讲座打造成传播文化的平台，同时也能让听众在其中享受到文化生活的乐趣。

（二）访谈式

图书馆的讲座通常采用单一主讲人就特定主题演讲的方式，但为了创新讲座形式，打破传统的单向模式，我们致力于让更多人参与其中。通过多样化的形式和多声部的表达，有效地传递不同的观点和风格，激发听众的智慧，传播思想的成果，实现更广泛的参与和交流。这种创新旨在扩大讲座的影响力，让更多人从中受益，并促进知识的共享和思想的碰撞。改变讲座形式，使其更加开放和多元化，不仅丰富了讲座的内容和形式，也提供了更广阔的思想碰撞和知识交流的平台。

访谈式讲座分为谈话式讲座和专访式讲座两种形式。

①谈话式讲座：谈话式讲座是指主讲人或嘉宾与主持人进行对话和交流的形式。主持人引导和提问，主讲人通过回答问题和分享经验，与听众进行互动。这种形式通常更加贴近听众，使讲座内容更易被听众理解和接受，同时也给予主讲人更多的表达空间和自由度。例如，佛山市图书馆的“南风讲坛”曾邀请著名学者袁伟时和作家金敬迈、安文江为嘉宾进行问题讨论。这场讲座以谈话式的形式，观众欣赏到了一场精彩的对话，留下了深刻的印象。

②专访式讲座：专访式讲座则是以特定的主题或专家为中心展开，主持人充当采访者的角色，与主讲人或嘉宾进行深入的交流和探讨。这种形式更注重对主讲人的个人经历、专业知识和观点进行挖掘，使听众能够更全面地了解主题或专家，并从中获得启发和收获。

以上所述的访谈式讲座不仅丰富了讲座的形式和内容，还为观众提供了多样化的思想碰撞和知识交流的平台。这种创新的讲座形式有助于打破单一的讲座模式，吸引更多人参与其中，实现讲座的公共性和互动性，让图书馆成为社会文化的中心，促进人际交流和不同文化之间的对话。

（三）互动环节

互动环节在讲座中扮演着关键的角色，能有效地传递完整准确的信息，并营造出独特的气氛和细致入微的细节，这是其他任何文化产品都无法媲美的。在讲座中，互动的重要性体现在听众可以积极参与其中，分享观点、提出问题和进行交流。这种开放的环境使得每个听众都能在一个互动的社交空间中感到安全和舒适。通过互动，听众能更深入地理解讲座内容，与主讲人和其他听众建立紧密联系，共同创造一个充满活力和启发性的学习环境。对于主讲人来说，充分的互动环节对于讲座至关重要。提问、质疑和回应的交流能够帮助主讲人及时调整演讲的方向，使其更加精准和有针对性，同时在更深层次上展开对话。同一个主讲者可能多次就同一主题进行演讲，但每次的互动环节都是独特的，这种差异激发了主讲者调动自身的知识储备，激发新的思维，推动整个讲座为听众带来有效的启发。通过充分的互动，主讲人和听众之间形成了一种积极的互动关系，不仅提供了更深入的交流机会，还促进了知识的共享和传播。听众通过提问和参与互动，能够进一步探索和拓展讲座内容，而主讲人则通过回应和解答问题，进一步完善和深化自己的观点，实现与听众之间的互动共赢。通过互动，讲座变得更加生动有趣，不仅为听众提供了参与和思考的机会，也为主讲人带来了持续的创新和进步，使整个讲座过程更加丰富和有益。

（四）辅助手段

通过在讲座中增加适当的辅助手段，可以提高讲座的趣味性和直观性，帮助听众更好地理解讲座的内容。这是因为辅助手段能够通过视觉、听觉等感官方式传递信息，激发听众的兴趣和注意力。例如，使用图表、图片、视频等多媒体元素可以生动地展示概念、案例和数据，使抽象的内容变得具体可见。同时，适当的幽默故事和引人入胜的实例也能够增加讲座的趣味性，使听众更愿意投入并留下深刻印象。辅助手段还能够帮助讲座更好地组织信息结构，提供清晰的导向，使听众能够更好地跟随讲座的思路和逻辑。所以，通过适当的辅助手段，讲座能够以更直观、生动的方式呈现，使听众更易理解和接受讲座内容，增强学习效果和知识传递的效果。辅助手段包括多媒体设备、写字板、讲义以及展览和游戏活动等。首都图书馆的“乡土课堂”是一个很好的例子，在举办关于“元大都及其文化遗存”“北京水系的变迁”等讲座时采用了巧妙的辅助手段。通过使用幻灯片，该图书馆能够充分展示主讲人提供的辅助资料，让所有听众都能通过古代北京的地图来更好地理解讲座的内容。这样的做法使得讲座更具趣味性和直观性，听众能够通过视觉呈现的图像和文物更深入地了解和体验古代北京的历史和文化。通过展示辅助资料，听众可以更清晰地把握主题的要点，加深对讲座内容的理解和记忆。这些辅助手段的运用使讲座更加丰富多样，不仅增强了听众的参与感，还使其对讲座的理解更加深刻和具体。视觉和听觉上的呈现有助于吸引听众的注意力，提供直观的观察和感受，使讲座的信息更加生动易懂。通过辅助手段的运用，讲座的效果得到了提升，让听众在愉悦的氛围中获得知识和启发。

（五）联动活动

由于场地和时间的限制，讲座的信息传递和听众获得的信息受到一定的限制。为了扩大讲座的影响力，图书馆可以推出与讲座相关的系列文化活动，与讲座形成有机的联动。这些文化活动可以包括展览、工作坊、读书会等，通过多种形式与讲座相互呼应，进一步深化听众对于主题的理解与体验，为参与者打造出更加丰富、多元的文化交流平台。这种综合性的活动安排不仅能够吸引更多观众的参与，还有助于加强整体的文化氛围，为图书馆的文化传播事业注入新的活力。例如，首都图书馆的“乡课堂”在举办“春节民俗”系列讲座期间，结合讲座主题“中华传统灯谜趣谈”，制作了一场名为“岁末春明——老北京年俗展”的展览。除此之外，还精心安排了猜谜活动。这样的联动活动不仅丰富了文化内涵，还为观众提供了更具互动性和参与性的体验，让人们在学习知识的同时获得更多的乐趣和启发。通过与讲座相结合的系列文化活动，图书馆能够吸引更多的观众参与，并提供更全面的文化体验，进一步提升讲座的影响力和吸引力。

四、经费预算

资金的支持是各项活动开展的基础保障，对于公益性的公共图书馆而言，经费问题仍是限制开展讲座活动、提高讲座水准、扩大讲座规模发展的一道枷锁，对于这些图书馆而言，长期致力于开展公益性讲座，并坚持免费入场的原则，在经济层面上是一种亏损的事业。讲座的策划者同样需要学会精打细算，合理利用有限的资金资源。

在财务管理领域中，预算在讲座经费方面具有重要意义。作为一种不可或缺的管理工具，预算在讲座的策划和执行过程中发挥着关键的作用，并对讲座的规模起着控制作用。讲座经费的预算可分为筹集经费和支出经费两个方面。策划者需要根据讲座的目标设定相应的经费预算，并细化工作项目和支出明细表。这样可以确保经费的合理分配和使用，同时也为筹集经费和控制支出提供了有效的依据。

（一）经费的来源

1. 政府财政拨款

因为公共图书馆是公益性机构，其资金主要来自政府拨款。政府作为资金的主要提供方，通过向图书馆拨款来支持其日常运营和发展。这些拨款资金不仅用于购买图书、期刊和多媒体资源，还用于维护图书馆的设施设备、提升信息技术和数字化服务能力，以及组织文化活动和教育培训等。

然而，考虑到各地图书馆的讲座发展情况以及政府对讲座的认识和支持程度的差异，加上政府财政和地区经济状况的多样性，政府为讲座提供经费的方式主要分为两种：一是通过图书馆的公用经费间接提供资金支持，二是通过专门设立的讲座专项经费直接提供资金支持。

（1）图书馆公用经费

目前在我国，部分公共图书馆的讲座经费是通过政府专项拨款来支持的，大多数讲座的经费主要依赖于图书馆自身的一般经费。图书馆的专项经费有限，讲座活动经费受到限制，从而影响了讲座的顺利开展和长期发展。因此，图书馆需要积极寻求多种筹资途径，如寻求赞助、与合作伙伴合作或利用社会资源，以确保讲座活动能够持续进行下去。这样做不仅能够满足听众的需求，还能够丰富讲座的内容和形式，为广大观众提供更多有价值的知识和信息。同时，策划和组织者需要合理安排和规划讲座经费，节约开支，并提高工作效率，以最少的成本获得最大的效益。

（2）讲座专项经费

对于图书馆开展讲座活动而言，讲座专项经费发挥着重要作用，给予讲座活动的开展巨大支持。以佛山市图书馆的“南风讲坛”、南海区图书馆“有为论坛”和广东省中山市图书馆的“香山讲坛”为例，每年政府专项拨款分别为 15 万元、

15 万元和 10 万元，支持这些图书馆的讲座工作顺利进行，并取得了一定成绩。

2. 社会资助

近些年来，公益讲座因其公益性、文化性、名人效应和持续性受到企业和商家青睐。部分企业愿意为图书馆提供赞助，并成为合作伙伴。在当前讲座活动面临经济压力的情况下，图书馆通过社会各界的资助来解决资金困难，从而走上合作化的道路，这被视为一种有效的应对方式。这种合作模式不仅有助于图书馆确保讲座的持续进行，也促进了社会资源的充分利用，为听众提供了更多丰富多样的讲座内容和机会。

为了减少讲座成本并有效利用讲座资源，流动讲座的费用可以通过多家单位进行分摊。通过流动讲座的方式，同一主题和主讲人可以在不同地区和单位之间轮流举办，因此举办方有机会与多家单位共同分担主讲人的差旅费和住宿费等开销。这种合作模式可以有效减少讲座的运营成本，并为更多地区和单位提供了接触优秀讲座资源的机会，让讲座资源得到多次利用。通过共同举办流动讲座，实现了经济效益和资源优化的双重目标。

（二）经费预算的方法

讲座的支出经费预算可以采用特殊预算和普通预算两种方法。特殊预算用于重要讲座项目，普通预算主要用于基本项目的日常讲座通过普通预算和特殊预算的结合运用，可以更好地管理讲座的经费，确保各项支出得到妥善安排。

1. 普通预算

讲座的普通预算项目包括以下几个方面：①宣传品制作费用，涵盖宣传海报、横幅、纪念卡片、书签等；②场地使用费用，主要包括电费、材料消耗费用、茶水费等；③主讲人的接待费用涵盖了多个方面的支出，包括往返交通费、住宿费、膳食费以及交通工具燃油费等。这些费用是为了保障主讲人的舒适和顺利参与讲座活动而必要的开支；④主讲人的报酬，应根据不同级别设定相应标准，并确定最高限额。固定预算适用于一般的日常讲座活动。通过设立这些预算项目，可以有效管理讲座的经费，确保各项开支得到合理安排。

2. 特殊预算

特殊预算是指针对特定目的或特定活动而设立的预算。特殊预算分为两种类型，分别是变动预算和普通预算两部分。变动预算项目包括以下内容：①联动活动费用；②主讲人礼品纪念品费用；③场地布置费用；④场地租赁费用；⑤媒体宣传费用；⑥汽车燃油费用；⑦餐饮费用；⑧住宿费用；⑨主讲人参观费用；⑩特殊演讲费用。

相对于一般预算而言，特殊预算在适应性、预算范围和经费控制方面具有更大的优势，可以有效避免在实际情况变化时频繁修改预算。特殊预算的灵活性和广泛适用性使其成为一种更为可靠和有效的经费规划工具。特殊预算的灵活性能够满足不同讲座的需求，使预算更具弹性，并有效控制经费使用，确保预算的稳定性。这样的安排可以有效应对讲座活动中的变化，提高预算的适应性和有效性，确保讲座工作的顺利进行。

参考文献

[1] 汪东波．公共图书馆概论[M]. 北京：国家图书馆出版社，2012.

[2] 历力．图书馆学概论[M]. 乌鲁木齐：新疆美术摄影出版社，新疆电子音像出版社，2015.

[3] 于良芝，许晓霞，张广钦．公共图书馆基本原理[M]. 北京：北京师范大学出版社，2012.

[4] 邱冠华．公共图书馆管理实务[M]. 北京：北京师范大学出版社，2013.

[5] 屈义华．基层图书馆信息资源建设与服务实务[M]. 北京：国家图书馆出版社，2011.

[6] 申晓娟．标准化视角下的我国基层图书馆事业发展研究[M]. 北京：国家图书馆出版社，2015.

[7] 董素音，王丽敏．图书馆基础资源建设[M]. 北京：海洋出版社，2013.

[8] 王流芳，徐美莲．社区图书馆的理论与实践[M]. 北京：中国民族摄影艺术出版社，2002.

[9] 甘琳．基层图书馆自动化网络化建设[M]. 北京：国家图书馆版出版社，2010.

[10] 姚健．图书馆信息化建设[M]. 天津：天津科学技术出版社，2013.

[11] 苏维锋，倪鹏晟．基层公共文化服务的开放、合作、融合、共享发展——乐清市公共图书馆服务体系建设实践[J]. 文化月刊，2022（11）：94–95.

[12] 温燕．基层公共图书馆创客空间建设研究[J]. 参花（下），2022（11）：117–121.

[13] 彭秋平．基层公共图书馆新形态：我国新型阅读空间建设发展研究[J]. 河南图书馆学刊，2022，42（9）：4–6；10.

[14] 苏雅．基于乡村振兴战略的基层公共图书馆建设[J]. 文化产业，2022（24）：77–79.

[15] 江震．基层公共图书馆地方文献建设与文旅融合服务 [J]. 图书馆杂志，2022，41（2）：89–92．
[16] 曹丽娜．基层公共图书馆地方文献资源建设启示和建议 [J]. 河南图书馆学刊，2021，41（12）：31–33．
[17] 罗素洁．基层公共图书馆红色文献数据库建设研究——以“余杭红色记忆”专题资源库为例 [J]. 图书馆杂志，2021，40（7）：151–156．
[18] 唐志军．新时代基层公共图书馆创新发展浅析——以“百姓书房”建设为例 [J]. 潍坊学院学报，2021，21（2）：114–116．
[19] 王亚萍．基层公共图书馆总分馆建设路径分析 [J]. 传媒论坛，2021，4（3）：140–141．
[20] 张喜梅．新型城镇化进程中基层公共图书馆建设研究——以河南省郸城县图书馆为例 [J]. 国际公关，2020（5）：133–134．
[21] 吴少聪．面向河南省基层公共图书馆的精准扶贫研究——以湖北省和巴伐利亚州为例 [D]. 郑州：郑州大学，2020．
[22] 于淇楠．城镇化进程中基层公共图书馆建设研究 [D]. 福州：福建师范大学，2017．
[23] 赵素娟．中德两国基层公共图书馆阅读服务体系比较研究 [D]. 武汉：华中师范大学，2022．
[24] 师赫阳．内蒙古图书馆公共文化服务研究 [D]. 呼和浩特：内蒙古农业大学，2022．
[25] 郑佳茹．城市公共图书馆管理问题研究 [D]. 咸阳：西北农林科技大学，2022．
[26] 王楚楚．公共图书馆文旅融合服务机制研究 [D]. 镇江：江苏大学，2022．
[27] 史月．安徽省市级公共图书馆服务效能提升策略研究 [D]. 蚌埠：安徽财经大学，2023．
[28] 唐萍．公共图书馆健康信息服务用户满意度研究 [D]. 保定：河北大学，2022．
[29] 张媛珍．我国公共图书馆法律信息服务调查研究 [D]. 保定：河北大学，2022．